영어 강세의 이론과 실제

A Critical Review of English Stress Rules

지은이 강용순

연세대학교 영어영문학과 졸업
연세대학교 영어영문학과 대학원(석사)
University of Illinois at Urbana-Champaign 언어학과 졸업(PhD)
성균관대학교 영어영문학과 교수
담당과목: 〈영어발음의 이해〉, 〈영어음운론〉 등
〈한국음운론학회〉 회장 역임
성균어학원장 역임

영어 강세의 이론과 실제
A Critical Review of English Stress Rules

1판 1쇄 인쇄: 2011년 12월 20일
1판 1쇄 발행: 2011년 12월 30일

지은이: 강 용 순
펴낸이: 홍 정 표
펴낸곳: 글로벌콘텐츠
등 록_제25100-2008-24호

공급처: (주)글로벌콘텐츠출판그룹
이 사_양정섭
디자인_김미미
기획·마케팅_노경민
경영지원_최정임
주 소_서울특별시 강동구 길동 349-6 정일빌딩 401호
전 화_02-488-3280
팩 스_02-488-3281
홈페이지_http://www.gcbook.co.kr
이메일_edit@gcbook.co.kr

값 10,000원
ISBN 978-89-93908-34-3 93740

영어 강세의 이론과 실제

강용순 지음

글로벌콘텐츠

서언

대학에서 영어음운론을 지도하면서 강세(stress) 부분에 도달하면 항상 궁금한 게 있었다. 내가 익히 알고 있는 영어 강세에 관한 여러 이론들은 실제 우리 영어 학습에 얼마나 도움이 될까? 영어를 가르치기 위하여 그것도 영어 발음을 위하여 영어 발음 이론을 가르치는 일은 영어의 통사이론을 가르치는 것보다도 더 말이 안 되는 이야기인지도 모른다. 막연하게 영어 강세에 관한 여러 이론을 접하다 보면, 영어 강세에 관한 직관이 저절로 생기는 것은 아닐까 하는 기대감이 없지 않았으나, 이론에 파묻히다 보면 그러한 꿈은 말 그대로 꿈에 불과하다는 것을 깨달은 지 오래다. 오래전 운율음운론이 등장했을 때, 또 그와 함께 많은 영어 강세 규칙들이 제시되었을 때 한 원로 선생님은 "이 논문을 읽고 나면 '이제 영어 강세에 관한 문제는 완전히 해결할 수 있겠구나'라고 생각하면 큰 오산이다"라는 말씀을 하셨다.

이론은 이론이다. 이 세상에 완벽한 이론은 없으며 언젠가는 새로운 이론으로 대체되게 되어 있다. 따라서 얼마 안 가서 사라질 이론에 기대를 하는 것은 처음부터 잘못된 것인지도 모른다. 그렇다면 이론은 왜 공부하는가? 이 이론들은 정말 전혀 쓸모없는 것들인가? 이러한 질문들이 이 책을 생각하게 된 동기이다. 그래서 다시 옛 이론들을 실용성이란 잣대를 대고 들여다보게 된 것이다. 여기서 실용성이란 물론 우리가 외국어로서의 영어 공부를 할 때 얼마나 도움이 될 수 있는가 하는 점이다. 그 결과 많은 부분들이 영어 강세 현상을 이해하는 데 도움이 됨을 알 수 있었다. 이 내용은 제3장에 정리되어 있다.

이 책은 영어를 잘하고자 하는 사람이면 누구에게나 도움이 될 것이다. 특히 듣기나 말하기 등 의사소통능력을 키우고자 하는 사람에게 큰 도움이 될 것이다. 언어는 눈으로 배우는 것이 아니라 실제로 해보면서 배우는 것이다. 각 장에 제시된 예들은 발음사전을 통해 모국어 화자의 발음을 따라하며 익히다 보면 영어의 리듬감을 익히게 되어 듣기와 말하기에 큰 진전을 가져올 수 있을 것이다.

영어 강세에 대한 지식은 영어를 잘하고 싶은 사람이나 특히 영어를 전공하는 사람이면 반드시 알아야 할 요소라고 생각한다. 우스갯소리로 한국에서의 영어영문학과를 '국어영문학과'라 부르는 사람들이 있다. 영문학 작품도 국어 번역을 통해서 읽고, 영어 실력도 타 전공 학생에게 떨어지는 전공학생들이 많기 때문이다. 적어도 영어를 전공하는 학생이라면 무엇인가 영어를 전공하지 않는 학생들과 구별되는 것이 있어야 하지 않겠는가? 제2장에 정리된 영어 강세 이론은 영어음운론, 특히 강세 현상에 관심 있는 전공학생들에게 영어 강세에 대한 기본적인 지식을 제공하리라 생각한다.

제3장에서는 제2장에서 살펴본 이론에서 밝혀낸 내용을 중심으로 '영어 강세의 본질'을 살펴보았다. 그 결과 음절의 무게와 음절구조, 품사, 음보의 구조 및 영어 어휘의 어원이 중요한 역할을 하고 있음을 알게 되었다. 어떻게 보면 너무나도 당연한 이야기 같지만, 영어 강세의 본질을 이해하기 위해서는 적어도 이 정도의 이론적 토대가 필요함을 확인할 수 있었다.

제4장의 주제문은 '영어는 리듬이다'이다. 영어를 한다는 모든 이들이 이 말을 하지만 이 말의 정확한 뜻에 대해서는 깊이 생각해 보

지 않는 것 같다. 여기서는 리듬의 본질을 밝히고 그것에 근거하여 발생 가능한 리듬 구조를 예측해 보았다. 막연하게 생각만 하던 것들인데 막상 하나하나씩 풀어서 적용해 보니 의외로 잘 맞아떨어졌다. 좀 더 잘 가꾸면 좋은 이론이 되리라 생각하나 리듬이론으로 발전시키기에는, 리듬의 속성을 잘 이해하면 자연스럽게 예측되는 너무 당연한 내용이라는 것이 저자의 솔직한 심정이다.

이 책은 7년 전『영어강세의 이해』(경진문화사 발행)를 수정 보완한 것이다. 처음에는 일단 발간을 하고 나서 잘못된 것을 곧 고쳐야지 하였으나 저자 특유의 게으름으로 잘못된 것을 수정하지 못하다가 이번 기회에 다시 책을 발행하고 나서 다시 읽어보면서 잘못 생각했던 부분, 특히 처음의 허접한 공식을 보다 세밀하게 수정 보완하였다. 영어에 관심을 가진 분들에게 특히 강세 때문에 고생했던 분들에게 조금이나마 보탬이 되었으면 하는 바람으로 이 책을 낸다.

2011년 12월

저자 강 용 순

차례

제1장

영어 강세란?

외국인으로서 영어를 배우고, 사용하는 과정에서 흔히 겪는 어려움 중의 하나가 영어 강세이다. 음절을 중심으로 이루어지는 우리말과는 달리 영어는 강세를 중심으로 모든 발음이 이루어지기 때문이다. 강세는 책을 읽거나 글을 쓰거나 하는 문어체 표현에서는 전혀 문제가 되지 않지만, 정작 영어로 한 마디라도 지껄이려고 한다면 바로 중요한 문제로 떠오른다. 영어 발음은 강세를 어디 두느냐에 따라서 완전히 달라진다. 따라서 강세를 안다는 것은 단지 그 위치만을 아는 것이 아니라 그 단어에 대한 정확한 발음을 알고 있음을 의미한다. 예를 들어, 우리가 잘 알고 있는 '바나나(banana)'의 경우 첫 음절에 강세가 오면, 비슷한 음절 구조를 가진 '캐나다(Canada)'처럼, 발음은 *[bǽnənə]가 될 것이다. 그러나 실제 발음은 두 번째 음절에 강세가 있어서 [bənǽnə]이다. 물론 드문 경우이긴 하지만 마지막 음절에 강세가 오면 *[bənənǽ]로 발음될 것이다.

우리나라 영어교육, 특히 학교에서의 영어교육은 문법 번역식 교육을 통한 영어 읽기능력 향상에 초점을 맞추어 왔다. 그러다 보니 결국 영어 문법에는 능하지만 외국인을 만나서 정작 말 한 마디 못하는 '벙

어리 영어교육'이라는 오명을 듣게 되었고, 급기야 제6차 교육과정부터는 영어교육의 목표를 '의사소통 능력(communicative competence)' 향상으로 설정하기에 이르렀다. 그러나 목표만 이렇게 설정되었을 뿐, 영어회화 능력을 지도할 수 있는 교사가 부재함으로써, 결국 교과서에 대화(dialogue) 예문으로 제시한 지문마저도 '읽기' 자료로 활용되는 우스운 일이 발생하게 되었다.

해외여행 자유화가 선언된 1980년대 중반까지만 하더라도 영어 말하기 능력은 크게 중요시 되지 않았다. 무역, 통상 역시 주로 문서와 서신을 통하여 이루어졌다. 그러나 세계화, 국제화의 영향으로 해외여행을 할 기회도 많아졌을뿐더러, 우리 기업의 해외 진출과 외국 기업의 국내 진출로 인하여 점점 더 외국인을 접할 기회가 많아지고, 영어 말하기 능력이 점점 더 중요한 요소로 등장하기 시작하였다. 이러한 변화는 수많은 학생들이 방학을 이용하거나 휴학을 하고, 영어권 국가로 영어 연수를 다녀오고, 그 대열에는 대학생은 물론 중·고등학생, 그리고 초등학생까지도 합류하게 되는 결과를 초래하였다.

우리의 학교 현장 또한 이러한 현실을 반영하여 제7차 교육과정부터는 초등학교 3학년부터 영어교육을 실시하고, 그 목표 또한 듣기, 말하기와 같은 의사소통능력 향상에 두고 있다. 점점 더 나아지고 있기는 하지만, 영어 교육현장에서의 영어 말하기 듣기 능력 향상을 위한 교육 방법은 아직도 요원한 상태이다. 그 이유는 무엇보다도 대학으로 들어가기 위한 수학능력시험이 독해력 평가 중심으로 이루어지기 때문일 것이다. 그 외에도 과밀학급, 교사들의 교수능력 등이 문제점으로 지적될 수 있을 것이다. 교사들이 학생들의 의사소통능력을 신장시키는 방법으로 교육해야겠지만 실제 교사들 자신들도 그러한 교육을 받아본 적이 없기 때문에 그 방법을 모르고, 독해력 중심으로 출제되는 수학능력시험에 대비하기 위해서는 독해력 향상에 초점을 맞출 수밖에 없다.

이러한 문제는 시간이 지남에 따라 서서히 해결되리라 생각한다. 초등학교의 영어 교육은 이미 쓰기, 읽기보다는 듣기, 말하기에 초점을 맞춘 의사소통능력중심의 교육이 되었고, 중·고등학교의 영어 교육도 해외연수 등을 통해 의사소통능력을 키우고, 나름대로의 교수방법을 터득한 교사들로 바뀌어 가고 있다. 또한 과밀학급의 문제도 점점 더 학생들의 수가 줄어들고 있고, 교육에 대한 투자가 증가하면 해소되리라 생각한다.

이제 우리는 교육 내적인 문제에 신경을 더 써야 할 것이다. 그 중의 하나가 영어 교과내용이다. 과거 독해, 문법 중심의 교과내용은 교육 목표가 변화함에 따라 그 내용도 바뀌어야 할 것이다. 읽기-쓰기는 문자언어가 중심이 되지만, 듣기-말하기는 음성언어가 중심이 되어야 한다. 이미 중·고등학교의 교과서는 상당부분 의사소통능력 향상을 목표로 변화되었다. 그러나 내용은 바뀌었지만 여전히 문자언어가 중심이고, 음성 언어는 보조적인 수단으로 제공되고 있을 뿐이다. 실제 교육현장에서 독해를 위한 문법 설명을 장황하지만, 음성 언어 이해, 즉 청해(listening)를 위한 음성 문법 교육은 전무한 실정이다.

우리는 문장 구조를 이해하기 위해 문장의 형식이라는 것을 배운다. 문장의 형식은 독해를 하는 데 큰 도움이 될 뿐만 아니라, 쓰기를 할 경우에도 문법적인 문장을 만드는 데 반드시 필요하다. 마찬가지로 영어를 듣거나 말할 때는 소리를 위한 문법을 알아야 한다.

예를 들어, 영어는 강세박자(stress-timed)언어이고, 한국어는 음절박자(syllable-timed)언어이다. 따라서 한국어는 각 음절을 '또박 또박, 분명하게' 발음하여야 하지만, 영어는 그렇지 않다. 한국인의 이러한 습관이 영어를 이해하고, 발음하는 것에 대한 장애 요인으로 작용하는 것이다. 음성 언어에 대한 이해를 하려면 이러한 기본적인 차이에서 부터 음소(phoneme), 이음(allophone)에 이르는 음성학의 기본적인 지식이 전달되어야 한다.

물론 여기서 우리가 경계해야 할 점이 있다. 그것은 과거 문법 번역식 수업의 문제점으로 지적되었던, 문법이 수단이 아닌 목표가 되는 교육이다. 예를 들면, 흔히 전형적인 문법 문제로 제시되었던, '다음 중 그 형식이 다른 문장 하나는?' 또는, '다음 중 to-부정사의 용법이 다른 문장과 같지 않은 것은?'과 같은 문제는 사라져야 한다. 문장의 형식이나 to-부정사의 용법은 독해를 잘하기 위한 수단이었지, 그 자체가 학생들이 알아야 하는 목적은 아니었던 것이다. 따라서 문장의 뜻과 그 구조를 잘 이해하는 학생에게 이러한 지식은 불필요한 것이다.

음성교육 또한 마찬가지이다. /f/ 발음을 이미 잘 하는 학생에게 '/f/는 순치마찰음(labio-dental fricative)으로서 윗니를 아랫입술 위에 살며시 대고 허파에서 나오는 바람을 마찰시키라'는 따위의 지식은 필요 없다. 당연히 이러한 지식을 물을 필요도 없는 것이다. 발음은 실제 활동이기 때문에 실제 발음을 잘하면 되는 것이다. 위 전통적인 문법 문제에 해당하는 비슷한 질문은 아마도 '다음 중 /p/와 조음 위치가 같은 발음은?' 또는 '다음 예에서 조음 방법이 다른 하나는?'과 같은 음성학과 관련된 문제일 것이다.

또 하나 발음 교육과 관련하여 경계하여야 할 것은 발음기호의 남용이다. 책이라는 매체의 특성상 발음을 문자언어로 표현한다 하더라도 그것은 어디까지나 또 다른 문자 언어일 뿐 실제 발음을 나타내지는 못한다. 따라서 발음기호는 발음을 익히는 도구로 사용되어야지 그 자체가 시험의 대상이거나 목적이어서는 안 된다. 즉, 발음기호 자체를 문제로 삼는 것은 문장의 형식을 묻는 것과 똑같은 오류를 범할 수 있다.

위에서도 잠깐 지적했거니와 말하기, 듣기 위주의 수업을 행하겠다고 했으니 이제 우리는 기존의 영문법 위에 '의사소통능력을 위한 영문법'을 더해야 할 것이다. 지금까지도 영어 발음에 대한 교육은 있었지만 이왕에 말하기, 듣기로 초점을 옮겼으면 이 정도로는 안 된다는 것이다. 지금까지는 우리의 발음 교육은 분절 음운론(segmental phonology)의 음소 단계에 머물렀다. 조음 장소와 방법을 설명해주는 일종의 '아래에서 위로(bottom-up)' 방식이었다.

그러나 음소 단위의 교육은 두 가지 문제점을 갖고 있다. 첫째는, 너무 자세하기 때문에 발생하는 문제이다. 영어 발음은 단지 한 음소만을 잘 발음한다고 해서 좋아지는 것은 아니다. 음소를 잘못 사용하면 모국어화자가 못 알아듣기 때문에 매우 중요하지만 실제 사용에 있어서는 외국인임을 알고 있고, 문맥상 말하려는 바를 대충 추측할 수 있기 때문에 크게 문제가 되지 않는다. 오히려 강세나 억양(intonation)과 같은 초분절적(suprasegmental) 요소가 의사소통에 더 큰 장애로 등장하는 경우가 더 많다.

둘째는 너무 자세하지 않기 때문에 생기는 문제이다. 그것은 영어를 배우는 외국인이 영어 음소가 실제 발음되는 이음(allophones)을 잘 이해하지 못하여 생기는 것이다. 음소란 추상적인 개념이며 실제 발음은 그 발생 환경에 따라 약간씩 차이나는 이음들이다. 예를 들어, /p/라는 음소는 단어 첫 머리에 오면 기식음(aspiration)이 많이 동반되는 소리, 즉 우리말의 [ㅍ]과 비슷한 소리가 나지만 s- 다음에서는 기식음이 전혀 없는 [ㅃ] 같은 소리로 발음된다. 따라서 spy는 '스파이'가 아니라 [스빠이]가 본래 발음에 가깝다. 또 단어 끝머리에서는 map에서처럼 또 다른 소리로 발음된다. 이러한 차이를 인식하지 못하면 외국인들의 발음을 벗어나지 못하며 모국어화자들의 발음조차도 이해하지 못하는 결과를 낳을 수 있다.

이러한 문제점을 극복하기 위해서는, 기존의 음소 위주의 교육에서 벗어나 위로는 초분절적 요소에 대한 체계적인 교육을 준비해야 할 것이고, 아래로는 이음 단계에 이르는 보다 정확한 이음의 특성까지도 학습자들에게 알려주어야 할 것이다. 이음에 대한 설명은 영어영문학 전공에서 공부하는 기본적인 영어음성학 교재에 이미 잘 설명되어 있기 때문에 그 문맥에 맞게 학생들에게 제시하는 데는 큰 문제가 없으리라고 본다.

이 책의 주된 관심사인 강세는 초분절적 요소의 하나이다. 우리말에는 존재하지 않는 요소이기 때문에 영어를 학습하는 우리들에게 더 어려운 개념으로 인식되어 왔다. 막연히 강세가 있는 음절은 강하게 발음하는 것이라고 알고 있을 뿐, 그 정확한 개념에 대해서는 그 어디서도 설명을 들은 바 없다. 특히나 독해, 문법식 교육을 받았던 과거 영어 교실에서 강세는 시험 문제에 '다음 중 첫 음절에 강세가 오는 단어는?'과 같은 종류의 한 문제가 나올까 말까 한 공부하지 않고도 운이 좋으면(?) 찍어 맞힐 대상이었다.

그러나 이렇게 소홀히 취급되어 왔던 강세는 우리가 외국인을 만나 입을 여는 순간 바로 어떻게 해서든지 해결해야 하는 골칫거리가 된다. 강세를 잘못 발음하면 신기하게도(?) 상대방이 내 말을 이해하지 못하는 일이 발생하기 때문이다. 또 더욱 이상한 것은 강세 위치에 따라 발음 자체도 바뀌는 것이다. 오죽하면 '영어 스트레스(강세) 때문에 스트레스 받는다'라는 말이 생겼을까?

이 장 첫 부분에서 우리는 '캐나다'의 본래 발음이 [kǽnədə]임을 보았다. 강세는 첫 음절에 있고 우리는 이 부분을 강하게 발음하면 될 것이다. 그런데 '캐나다 사람'을 의미하는 단어인 Canadian은 형태상으로는 Canad(a)+ian이지만, 발음은 그렇지 않다. 강세가 두 번째 음절로 옮겨가서 [kənéidiən]으로 발음된다. 강세가 옮겨가는 것도 우습지만, 모음의 발음 자체도 [ə]에서 [ei]로 바뀌었다. 물론 첫 음절도 강세가 없어지면서 발음이 [æ]에서 [ə]로 바뀌었다. 이것은 문자언어로 볼 때는 Canadian이 Canada와 연관이 있다는 사실을 바로 확인할 수 있지만 음성언어로는 그렇지 않음을 의미한다.

우리는 과연 이러한 종류의 교육을 받은 적이 있던가? 발음 교육은 그냥 수업시간에 테이프 틀어주고 듣는 일종의 쉬는 시간으로 간주되었던 것이 전부였다. 대학에서 음성학 수업을 하였지만 조음 장소와 조음 방법을 책으로 읽고 발음기호를 잘 익히는 문자 중심의 교육이었다. 음운론을 공부하면서 처음 놀랐던 것은 아주 많은 영어 강세 이론이 있다는 사실이었다. 강세는 그냥 단어를 외울 때 같이 외는 것으로 생각했었는데, 즉 규칙이 없이 단어의 철자처럼 무조건 암기하는 것이 강세였다. 그리고 두 번째 궁금했었던 것은, 이렇게 많은 강세 규칙과 이론들이 있는데 왜 우리는 아직도 단어 강세를 그냥 외어야 하냐는 것이었다. 지금까지 제시된 많은 이론은 그저 이론일 뿐 영어 교육 현장에서는 전혀 사용할 수 없는 무용지물에 지나지 않는가 하는, 다른 말로 '이론과 현실의 괴리' 같은 느낌이 들었다.

이 책은 이러한 작은 의문점에서 출발하였다. 그래서 우선 과거에 제시되었던 영어 강세 이론들과 그 문제점들을 정리해 보았다(제2장). 이론 자체는 복잡하지만 이론은 전체적인 틀일 뿐 각각의 규칙과 원리들은, 영어 강세 자료들에 대한 어떤 일반적인 특성을 암시하며 나름대로 영어 단어 강세에 대한 '사실'들을 보여주기 때문에 의미가 있다. 기존의 규칙들이 내포하고 있는 의미가 무엇인지를 다시 음미해 보는 작업도 우리가 얻고자 하는 영어 단어 강세에 대한 이해에 큰 도움이 될 것이다.

이 책을 읽는 많은 독자들이 기대하듯이 영어 단어 강세를 설명하는 서너 개의 단순한 규칙들은 존재하지 않는다. 그 이유는 영어 단어들의 복잡한 혈통에서 찾을 수 있다. 영어의 특징 중 하나인 개방성(openness)이 말해주듯 외래어에 대한 거부감이 없는 데다, 오랜 세월 동안 외국어의 영향을 워낙 많이 받았기 때문이라고 생각된다. 그러나 그런 혼란 속에서도 일관성 있게 지키는 것이 있다면 그것은 리듬(rhythm)이다. 영어의 리듬은 강약의 교차적인 사용에 의해 나타나며 이것은 음절의 무게와도 밀접한 관련이 있다. 제3장에서는 리듬의 특성에 대해 논의할 것이다.

제4장은 전 장에서 논의한 리듬의 개념을 갖고 외국어과 교육과정에 기본어휘로 제시된 2067개의 단어를 유형별로 분석해 보았다. 이 어휘들을 분석 대상으로 사용한 것은, 영어를 연구 대상이 아닌 의사소통 도구로 보았을 때 이 어휘들이 가장 자주 일상생활에서 사용될 것이기 때문이다. 평생 사용할 것 같지 않은 어렵고 복잡한 어휘들은 이론을 세우기 위한 분석 자료로는 좋을지 모르겠으나, 일상적인 회화 능력을 위한 영어 교육에는 필요 없다고 판단되어 분석에서 제외하였다.

마지막 장에서는 위 분석의 결론을 재정리하고, 그 결론이 의미하는 바가 무엇인지를, 또 그러한 결과가 우리 영어 교육에 어떠한 방향으로 반영되어야 할지를 논의하였다.

제2장

영어 강세에 관한 여러 이론들

영어 단어들을 공부하다 보면 영어 단어 강세에 정말 규칙이 존재할까 하는 의문이 들 때가 한두 번이 아니다.

예를 들어, **Ca**nada와 **ca**mera는 세 음절 단어로서 강세 위치가 모두 첫 음절에 있다. 그러면 비슷한 구조를 가진 모든 세 음절 단어들의 경우 첫 음절에 강세가 온다는 규칙을 생각해 볼 수 있다. 그러나 이러한 가정은 ba**na**na를 보는 순간 여지없이 무너지고 만다. 음절 수와 음절 구조만 보면 당연히 이 가정의 적용을 받아야 하지만, 강세는 두 번째 음절에 있다.

또 다른 예로 우리는 '명전동후(名前動後)'의 법칙을 들 수 있다. 간단히 말하면 '강세가 명사는 앞에 있고, 동사에는 뒤에 있다'는 것이다. 앞뒤라는 개념도 문제지만, 우선 이런 복잡한 문제는 제외하고 두 음절의 단어로 이 가정을 검증해 볼 수 있다. A로 시작하는 명사들을 차례로 살펴보니, 실제 많은 명사들이(**a**ccent, **a**ngel, **a**nger, **a**ngle, **a**nkle, …) 앞 음절에 강세 있었다. 그러나 이러한 순조로운 출발은 aff**air**에서 끝나고 만다. 이것은 예외려니 하고 계속 내려가다 보면 am**ou**nt를 만나게 된다. 이 단어의 경우 동사형으로도 사용되니까 좋다고 하고, 동사형과 명사형이 발음에서 차이를 보이는 advice는 어떻게 해야 할지 난감해진다.

동사의 경우도 마찬가지이다. absorb, accept, account, accuse, achieve, admire만 보면 위의 가정은 정말 잘 들어맞는 듯하다. 그러나 argue에서 곧 막혀버린다. 또 answer처럼 명사와 동사로 다 사용되는 경우, 강세 위치가 위 가정에 따라 바뀌면 좋으련만 그렇지 않다. 이러저러한 이유를 대다 보면 규칙은 곧 누더기처럼 되어 규칙이라기보다는 경향(tendency)이라고 말하는 게 안전한 듯하고, 더 많은 자료들을 검토하다 보면 자연스럽게 규칙화하는 것을 포기하게 된다. 그러함에도 불구하고 지금까지 많은 이론과 분석들이 제시된 것, 또한 사실이다.

영어 강세에 대한 논의는 영어음운론의 일부로서 영어 강세 현상을 다룬 Chomsky와 Halle(1968)의 SPE(Sound Pattern of English)에서부터 시작한다. SPE 이후 영어 강세에 대한 본격적인 논의는 흔히 LP라고 소개되는 Liberman and Prince(1977)의 운율음운론(Metrical Phonology)으로 이어진다. 이후 운율음운론은 표기(Representation)의 문제로 발전하여 격자(grid)가 운율 가지(tree)를 대신하게 되었다. 이 격자 표기를 기본으로 Halle와 Vergnaud(1987)는 매개변수(parameter) 이론을 기준으로 영어의 강세에 대한 매개변수를 제시한다. 이어 Burzio(1994)에서는 이전 연구들의 문제점을 지적하고 음보(foot) 구조에 근거한 강세 이론을 제시한다. 마지막으로 1990년대에 음운론을 강타한 최적 이론(Optimality Theory)에 근거한 영어 강세 제약들을 살펴볼 것이다. 제2장에서는 이 이론들에 의한 영어 강세 분석을 간단히 소개하고, 왜 이러한 많은 이론들이 영어 교육에 반영되지 못했는지 그 문제점들을 지적하고자 한다.

2.1. SPE(Chomsky and Halle, 1968)

영어음운론의 거의 모든 논의는 Chomsky와 Halle의 SPE로부터 시작한다. 단어 강세에 대한 논의 또한 예외가 아니다. SPE는 1965년 소위 '표준이론(Standard Theory)'이라 불리는 『*Aspects of Theory of Syntax*』를 출판한 이후 '변형생성문법'에 의해 영어의 음운 구조를 재편성한 것이다. 음운론의 바이블이라 할 수 있는 이 책에서 영어 단어 강세에 대한 거의 모든 문제가 다루어지고 있다. 이 뒤에 제시된 모든 단어 강세에 관한 이론에 사용된 자료는 거의 모두가 SPE에서 인용되었다고 보아도 될 것이다. SPE에서 Chomsky와 Halle는 기본적으로 영어 강세가 단어의 품사와 밀접한 관계가 있다고 보고, 크게 동사와 명사, 형용사로 구분하여 논의한다.

먼저 동사의 예를 보자(Chomsky and Halle, 1968: 69).

(2.1)	I	II	III
	ast**o**nish	maint**a**in	coll**a**pse
	edit er**a**se	torm**e**nt	
	cons**i**der	car**o**use	exh**a**ust
	im**a**gine	app**e**ar	el**e**ct
	int**e**rpret	caj**o**le	conv**i**nce
	pr**o**mise	surm**i**se	us**u**rp
	emb**a**rrass	dec**i**de	obs**e**rve
	el**i**cit	dev**o**te	cav**o**rt
	det**e**rmine	ach**i**eve	lam**e**nt
	c**a**ncel	car**e**en	ad**a**pt

(2.1)의 첫 번째 열에 속하는 동사들은 끝에서 두 번째 모음(penultimate)에 강세가 온다. 두 번째 열과 세 번째 열의 경우는 마지막 모음(ultima)에 강세가 있다. 이 어휘들을 자세히 살펴보면 첫 번째 열의 마지막 모음이 이완음(lax)임을 알 수 있다. 반면 두 번째 열의 단어들은 마지막 모음이 긴장음(tense)이거나 이중모음이다. 마지막 열의 단어들은 두 자음으로 끝나는 단어들이다. 이러한 관찰을 기준으로 SPE는 다음과 같은 동사 규칙을 제시한다.

(2.2) 동사 강세 할당 규칙

(i) 마지막 모음이 이완음이거나 뒤에 오는 자음이 단 하나일 때는 끝에서 두 번째 모음에 강세가 온다.

(ii) 마지막 모음이 긴장음이거나 두 개 이상의 자음으로 끝나는 경우 마지막 모음에 강세가 온다.

위의 규칙을 풀이하여 보면, 영어 강세는 뒤에서부터 앞으로 거슬러 올라가며 모음이나 자음의 수를 고려하면서 결정됨을 알 수 있다. 즉, 마지막 모음이 긴장음이거나 이중모음일 경우, 또는 자음 두 개 이상이 따라오는 경우에는 그 모음에 강세가 있다. 만약 그렇지 못하다면, 다시 말해 마지막 모음이 이완음이거나 자음 하나만이 따라올 때에는 그 앞 모음인 끝에서 두 번째 모음에 강세가 온다는 것이다. SPE에서는 이러한 내용을 공식으로 다음과 같이 나타내었다 (Chomsky and Halle, 1968: 70).

(2.3) $$V \rightarrow [1\ \text{stress}]\ /\ \_\_\ C_o \left(\left[\begin{matrix} -\text{tense} \\ V \end{matrix} \right] C_o^1 \right)]$$

이 공식을 풀이하면 모음(V)은 사선(/) 다음에 제시되는 조건에서 제1강세를 받는데, 그 조건은 마지막 모음이 이완모음(−tense V)이거나 그 뒤에 자음하나만 오는 경우, 또는 괄호안의 경우는 선택적이므로(optional) 모음으로 끝나는 경우이다.

다음은 명사의 강세 위치를 살펴보자(Chomsky and Halle, 1968: 71).

(2.4)	I	II	III
	Am**e**rica	ar**o**ma	ver**a**nda
	c**i**nema	balal**a**ika	ag**e**nda
	asp**a**ragus	hi**a**tus	cons**e**nsus
	metr**o**polis	hor**i**zon	syn**o**psis
	j**a**velin	thromb**o**sis	am**a**lgam
	v**e**nison	cor**o**na	ut**e**nsil
	asterisk	ar**e**na	asb**e**stos
	arsenal	Minn**e**sota	phl**o**giston
	l**a**byrinth	ang**i**na	app**e**ndix
	an**a**lysis	fact**o**tum	plac**e**nta

우선 자료들을 살펴보면, 첫 번째 열의 경우 끝에서 세 번째 모음(antepenultimate)에 강세가 있고, 두 번째, 세 번째 열은 끝에서 두 번째 모음에 강세가 있다. 그 환경은 동사의 경우와 비교해 앞쪽으로 하나씩 옮겨갔음을 알 수 있다. 다시 말해 마지막 모음을 무시하면, 동사의 경우와 똑같다고 볼 수 있다. 첫 번째 열은 끝에서 두 번째 모음이 이완음이며, 두 번째 열의 경우 끝에서 두 번째 모음이 긴장음이다. 마지막 열의 끝에서 두 번째 모음 다음에는 자음 두 개가 따라온다. 따라서 명사 규칙은 자료의 마지막 음절을 무시하면 동사와

똑같음을 알 수 있다. 따라서 규칙의 공식도 동사 강세 규칙 (2.3)에 마지막에 음절을 하나 첨가하면 된다.

형용사는 강세 위치에 따라 동사와 맥을 같이 하는 것과 명사와 같이 행동하는 두 부류로 나뉜다. 먼저 동사와 같은 형태를 보이는 형용사의 예를 보도록 하자(Chomsky and Halle, 1968: 80).

(2.5)	I	II	III	IV
	s**o**lid	supr**e**me	abs**u**rd	mánifèst
	fr**a**ntic	sinc**e**re	corr**u**pt	résolùte
	h**a**ndsome	sec**u**re	imm**e**nse	dérelìct
	cland**e**stine	in**a**ne	abstr**a**ct	dífficùlt
	c**e**rtain	obsc**e**ne	rob**u**st	móribùnd
	c**o**mmon	obsc**u**re	ov**e**rt	cómatòse
	v**u**lgar	extr**e**me	aug**u**st	sáturnìne
	w**a**nton	rem**o**te	succ**i**nct	rétrogràde
	sh**a**llow	discr**ee**t	occ**u**lt	láchrymòse
	st**u**rdy	compl**e**te	dir**e**ct	érudìte

열 I, II, III은 위에 소개된 동사와 똑같은 강세 유형을 갖는다. 반복하면, 첫 열의 경우 마지막 모음이 이완음이기 때문에 그 앞의 모음인 끝에서 두 번째 모음에 강세가 오는 예이다. 두 번째 열의 경우, 마지막 모음이 긴장음이거나 이중모음이기 때문에 그 모음에 강세가 온다. 세 번째 열은 모두 두 개의 자음(-rd, -pt, -ns, -ct, -st 등)으로 끝나는 예들이다. 따라서 이 모음에 강세가 온다. 마지막 제 IV열은 제II, III열처럼 자음 두 개로 끝나거나 마지막 모음이 긴장음, 이중모음인 예이다. 그러나 한 가지 다른 점은 이들은 3음절 이상의

단어들이다. 따라서 일종의 리듬 규칙이라고 할 수 있는 '강세교체 규칙(Alternating Stress Rule)'이 적용된다. 그 결과 제1강세는 끝에서 세 번째 음절로 옮겨가고, 마지막 음절은 제2강세를 갖게 된다.

(2.6) 강세교체규칙(Chomsky and Halle, 1968: 84)

$$V \rightarrow [1 \text{ stress}] \;/\; \_\_\_\_ \; C_0VC_0V^1C_0]_{NAV}$$

이 규칙에 의해 마지막 모음에 있던 제1강세는 끝에서 세 번째 모음으로 옮겨지고, 그곳에 있던 제1강세는 강세조절규칙(Stress Adjustment Rule)에 의해 제2강세로 바뀌게 된다. 이 두 규칙은 세 음절 이상의 단어에서 보이는 영어 리듬의 원리를 반영한 규칙이다.

한편, 접미사가 첨가되어 생성된 형용사들은 명사와 같은 강세 유형을 보인다.

(2.7) (Chomsky and Halle, 1968: 81)

I	II	III
p**e**rsonal	anecd**o**tal	dial**e**ctal
m**a**ximal	adject**i**val	incid**e**ntal
med**i**cinal	sacerd**o**tal	frat**e**rnal
mun**i**cipal	polyh**e**dral	univ**e**rsal
eph**e**meral	medi**e**val	ab**y**smal
magn**a**nimous	des**i**rous	mom**e**ntous
pol**y**gamous	polyh**e**drous	am**o**rphous
r**i**gorous	poly**a**ndrous	
prec**i**pitous	son**o**rous	trem**e**ndous
cal**a**mitous	dec**o**rous	stup**e**ndous

v**i**gilant	compla**i**sant	rep**u**gnant
m**e**ndicant	def**i**ant	rel**u**ctant
sign**i**ficant	clairv**o**yant	obs**e**rvant
arrogant	obe**i**sant	ind**i**gnant
d**i**ssonant	adj**a**cent	red**u**ndant
innocent	compl**a**cent	dep**e**ndant
d**i**ffident	antec**e**dent	cont**i**ngent
ben**e**volent	inh**e**rent	rec**u**mbent

(2.7)의 예들은 (2.6)과는 달리 -al, -ous, -ant, -ent와 같은 접미사들이 첨가되어 형성된 형용사들이다. 이들 접미사들은 강세를 할당하는 데 전혀 작용하지 않는다. 그러한 면에서 마지막 음절을 고려하지 않는 명사의 강세 규칙과 맥락을 같이한다. 제I열의 경우, 마지막에서 두 번째 모음이 이완음이므로 그 앞의 모음인, 끝에서 세 번째 모음에 강세가 온다. 제II열의 경우 끝에서 두 번째 모음이 긴장음이거나 이중모음이다. 따라서 이 모음에 강세가 온다. 마지막 제III열은 끝에서 두 번째 모음 뒤에 자음 두 개가 따라온다. 따라서 이 모음에 강세가 할당된다.

지금까지 소개한 예와 규칙만을 살펴보면 영어 단어의 강세는 모두 깔끔하게 해결된 듯 보인다. 그러나 사실 여기에 소개된 것은 아주 대표적인 예만을 소개하였을 뿐, 강세에 대한 논의는 이처럼 간단하지 않다. SPE에서 영어의 강세는 영어음운론의 일부로 논의되었다. 따라서 영어에서 발견되는 음운 규칙과 연관하여 영어 강세 규칙을 기술하고 있다. 영어 강세 규칙을 이해하기 위해서 우선 SPE의 이론적인 토대를 이해할 필요가 있는 것은 이러한 이유에서이다. 또 다른 어려움은 공식화하는 과정에서 나타난다. 위의 예에서 잠깐 보았지만 가능한 한 적은 수의 공식을 제안하기 위해 우리가 생각할 수 있는 모든 부호들을 사용하고 있다. 위에서는 '선택적'임을 의미하는 괄호만을 보았지만, 중괄호({ }), 대괄호([ ])는 물론 〈 〉와 같은 괄호도 사용하고, +/-의 동일성을 나타내기 위해 α, β, γ와 같은 그리스 문자까지도 사용된다.

여기 제시된 모든 규칙들의 엄격한 적용 순서는 또 어떠한가? 영어 강세에 관련된 여러 규칙들을 정확하게 이해하는 것 못지않게 중요한 것이 이 규칙들의 적용 순서도 엄격하게 지켜져야 한다. 이러한 도출 과정을 더욱 복잡하게 하는 것이 순환성(cyclicity)이다. 규칙에 따라 순환적인(cyclic) 규칙과 그렇지 않은(non-cyclic) 규칙이 존재하여 그 적용에 제한을 가하고 있다.

이러한 형식적인 난해함만이 SPE의 강세 규칙을 실제 활용에 적용하는 데 장애요인이 되는 것은 아니다. SPE에서는 전통적으로 오랫동안 인식되어 왔던 음절의 존재를 과학적으로 입증할 수 없다는 이유로 해서 인정하지 않았다. 물론 음절이라는 단위가 없이, 똑같이 음운 현상들을 잘 설명할 수 있다면 매우 바람직할 것이다. 그러나 실상은 그러하지 못하다. 결국 Kahn(1976)에 의해 음절의 구조가 상세히 밝혀짐에 따라 음운 이론은 새로운 국면을 맞이하게 된다.

영어 강세 규칙의 또 다른 작지 않은 문제는 예외적인 단어들이 적지 않다는 것이다. SPE에서는 친절하게도 거의 모든 규칙에 대한 예외들을 소개하고 있다. 먼저 우리가 유일하게 알고 있는 '명전동후'를 생각해보자. 이 규칙을 따르면 마지막 음절에 강세가 오는 다음 명사들은 모두 이 규칙의 예외로 간주되어야 한다(Chomsky and Halle, 1968: 78).

(2.8) mach**i**ne, brass**ie**re, reg**i**me, car**ee**r, bar**o**que, toup**ee**, can**oe**, cher**oo**t, pol**i**ce, baz**aa**r, broc**a**de

이 외에도 cement, giraffe, burlesque, Mississippi, ellipse, umbrella(SPE, 73쪽)이 있다.

이 예들은 물론 거의 모두가 마지막 음절에 강세가 오는 프랑스어에서 들어온 어휘들이다. 세 음절 이상의 명사들 중에는 강세교체규칙과 강세조절규칙에 의해 끝에서 세 번째 음절에 제1강세가 오고 마지막 음절에 제2강세가 오는 예들이 있다.

(2.9) húrricàne, ánecdòte, pédigrèe, níghtingàle, mártingàle, mátadòr, formáldehỳde, báritòne, gúillotìne, Arkansàs, ántelòpe, stévedòre, hypótenùse, cándidàte, cávalcàde, cántalòupe

SPE에서 예외들은 거의 모든 규칙의 뒤 부분에 자세히 소개하고 가능한 것은 기저형(Underlying form)을 달리한다든지, 아니면 규칙 적용의 순서와 같은 기술적인 방법으로 많은 부분을 예외가 아닌 것으로 해결하고 있다. 그러나 이러한 이론 조작상의 해결은 이론 자체를 막강하게 하여 이론으로서의 가치를 더 떨어뜨리는 결과를 초래한다.

마지막으로 영어 교육과 관련하여 지적하고 싶은 것은 예로 제시된 어휘들이 일상회화에서 사용되는 종류의 어휘들이 많지 않다는 점이다. 특히나 영어를 외국어로 배우는 비모국어화자들에게는 실용적이지 못한 어휘들이 많다. 물론 이 이론 자체가 영어 교육을 염두에 두고 제안된 것이 아니라, 모국어화자의 머릿속에 내재되어 있는 규칙을 찾기 위한 것이기 때문에 이러한 지적은 이론 자체에는 공정하지 못한 것이다. 다만 이러한 이유로 해서 영어 교육 현장에서는 이렇게 제시된 영어 강세 규칙이 거의 무용지물에 가깝다는 점을 지적하는 것이다.

2.2. 운율 음운론(Liberman and Prince, 1977)

2.2.1. Liberman and Prince(1977)

영어 강세를 논할 때, SPE 못지않게 중요한 논문이 소위 LP라 불리는 Liberman and Prince(1977)이다. 음절이 기본 단위로 사용된 것도 중요하지만, 영어 강세가 크게 보면 리듬의 한 현상이며 리듬에 근거하여 영어 강세에 대한 새로운 이론을 제시하고 있다. 강세가 있다는 것은 다른 음절보다 상대적으로 더 '두드러짐(prominence)'을 의미하며, 리듬은 두드러진 음절과 그렇지 않은 음절이 구성성분(constituent) 구조(즉, 음보)를 이루면서 발생한다는 것이다. SPE에서는 세 음절 이상의 단어에서 나타나는 리듬을 강세교체규칙과 강세조절규칙을 이용하여 설명하였다. 여기서는 이러한 현상들은 단지 '음절이나 단어, 문장의 구를 구성하는 계층적인 리듬 구조를 반영한' 것으로 보고 있다(Liberman and Prince, 1977: 249).

리듬 구조에 초점을 맞추고 있기 때문에 구(phrase)에 나타나는 강세 구조를 논의의 시작으로 하여 그 분석을 바탕으로 단어의 강세 유형을 논하고 있다. 결론부터 말하면 단어의 강세구조는 구의 강세구조를 축약한 것이라는 것이다. 예를 들어, 영어 단어 **e**xecute는 복합어인 l**a**bor union과 그 구조가 같고, red c**o**w와 같은 명사구는 pont**o**on과 같다. 좀 더 복잡한 복합어 union finance committee의 강세구조(Liberman and Prince, 1977: 213)도 exec**u**tion, etc**e**tera와 같은 단어와 동일하다고 보고 있다. 우리는 여기서 주로 단어의 강세를 살펴보고 있으나, 이 원리를 확장하면 복합어, 구, 나아가서 절, 문장의 리듬까지에도 같이 적용될 수 있을 것이다.

영어 단어에 강세를 할당하는 것은 기본적으로 SPE의 원리와 같다.

그러나 LP에서는 음절 단위를 인정하고 있으며, 음절 무게에 따라 중음절(heavy syllable)과 경음절(light syllable)로 음절을 구분하고 있다. 음절 무게는 음절말음(coda)이 존재하는 (C)VC 구조이거나 핵(nucleus)이 긴 장음 또는 이중모음인 경우에 중음절로 분류한다. 반면에 핵이 이완음인 경우 경음절로 분류된다. 다음의 예들은 강세의 할당이 음절 무게의 영향을 받고 있음을 잘 보여준다(Liberman and Prince, 1977: 271).

(2.10)	Am**e**rica	ar**o**ma	def**e**ctive
	can**o**nical	Card**o**na	refer**e**ndum
	Everest	horm**o**nal	am**a**lgam
	asp**a**ragus	hor**i**zon	er**e**ctor
	pol**y**gamous	des**i**rous	an**a**rthrous
	elephant	adj**a**cent	Char**y**bdis

(2.10)의 첫 번째 열의 예들은 끝에서 세 번째 음절에 강세가 있다. 두 번째, 세 번째 열의 예들은 끝에서 두 번째 음절에 강세가 있으며, 이 음절의 핵은 장모음이거나 자음 두 개가 뒤에 따라와 음절화를 하였을 경우 음절말음을 갖기 때문에 중음절을 구성하고 있음을 알 수 있다. 이 예들의 경우 마지막 음절의 모음은 모두 짧다. 위의 예들은 대부분 명사이고 형용사도 명사 강세 규칙의 적용을 받는 접미사(-al, -ous, -ent)가 첨가된 경우라 SPE에 제시된 명사 규칙만으로도 설명할 수 있다.

그러나 다음의 예들은 마지막 모음이 장모음이거나 이중모음인 예들이다(Liberman and Prince, 1977: 272).

(2.11)	negate	ánecdòte	divine
	repute	éxecràte	devote
	erode	bállyhòo	mahout
	balloon	cómplète	exploit

첫 번째 열의 예들은 마지막 음절에 강세가 있으며 이 마지막 음절의 모음은 장모음(ball*oo*n)이거나 이중모음(neg*a*te, rep*u*te, er*o*de), 그리고 그 뒤에 하나의 자음이 음절말음을 형성하고 있다. 품사별로 보면 첫 세 단어가 동사이고 마지막 단어 balloon만이 명사이다. 동사의 경우 마지막 모음이 중음절인 경우 그 음절에 강세가 오기 때문에 앞에서 제시한 SPE의 규칙으로 설명할 수 있지만, balloon은 명사의 예외적인 경우이거나 또는 품사가 중요한 역할을 하지 않는다고 생각할 수도 있다. LP에서는 특별히 품사의 구분 없이 강세 할당 규칙을 설정하고 있다(LP 뒷부분에서는 동사들에게서 보이는 강세 특징들을 기술하고 있다).

두 번째 열의 예들은 세 음절 단어들로서 마지막 모음은 역시 장모음(ballyh*oo*, compl*e*te)이거나 이중모음(anecd*o*te, execr*a*te)이다. 강세는 첫 음절에 제1강세가, 마지막 음절에 제3강세가 온다. 품사별로 보면 명사(anecdote, ballyhoo), 동사(execrate, complete), 형용사(complete)로 나누어져 있어서 품사를 고려한 배열이라고 볼 수 없다. SPE에서는 강세교체규칙과 강세조절규칙으로 이러한 예들을 설명하였다.

마지막 예들은 음절말음 없이 이중모음으로 끝나는 예들이다. 강세는 이 마지막 모음에 있다. 품사도 동사(devote, exploit), 형용사(divine), 명사(mahout)로 다양하다. 지금까지 주어진 예들을 앞에서 보았듯이 품사별로 나누는 것은 의미 없는 일이다. 우리가 관찰한 바로는 끝에서 두 번째 음절까지는 중음절에 강세가 오며, 끝 두 음절이 모두 경음절이면 끝에서 세 번째 음절에 강세가 온다는 사실이다. 이러한 사실을 바탕으로 LP에서는 다음과 같은 영어강세규칙을 제시하고 있다.

(2.12) 영어강세규칙(Liberman and Prince, 1977: 272)

$$V \rightarrow [+stress] \ / \ \underline{\quad\quad} \ C_o(\breve{V}(C))(\breve{V}C_o)\#$$

위의 규칙에 의하면, 끝에서 부터 시작하여 이완음(V̆) 바로 앞의 모음에 강세가 온다는 것이다. 모음이 이완음이라는 것은 그 모음을 포함한 음절이 경음절임을 나타내므로, 마지막 두 음절이 경음절인 경우 끝에서 세 번째 모음에 강세가 오지만(예, America), 마지막 음절만이 경음절이면 끝에서 두 번째 음절에 강세가 온다(예, aroma). 물론 마지막 모음이 장모음이거나 이중모음이어서 음절이 중음절이면 마지막 음절에 강세가 온다.

영어강세규칙에 의해 할당된 강세는 옆의 강세가 오지 않는 약음절과 결합하여 음보를 구성한다. LP의 강세 규칙은 음보를 구성하는 [강약] 또는 [약강]격의 운율 단위에서 출발하고 있으며 음보의 구성은 이분지(binary) 구조만을 인정하고 있다. 이러한 가정 위에 다음과 같은 세 단계를 거쳐 강세가 주어진다(김경란, 1997: 135).

(2.13) a. 강세부여(stress assignment)
오른쪽에서부터 왼쪽으로 일정한 음절에 [+stress] 자질을 부여한다.
b. 음보형성(foot formation)
[+stress]를 갖는 모음과 이에 후속하는 [-stress]의 모음을 최대한 합쳐 sw로 표기된(즉, 왼쪽 가지가 s이며 오른쪽 가지가 w인) 왼쪽으로 가지를 치는 나무를 그린다.
c. 단어나무형성(word-tree formation)
음보를 연결하여 ws로 표기되는 오른쪽으로 가지를 치는 구조를 그린다.

이 규칙에 근거하여 형성되는 음보와 단어의 sw는 다음과 같은 '어휘범주탁립규칙(Lexical Category Prominence Rule)'이라는 다소 생소하고 긴 이름의 규칙에 따라 할당된다.

(2.14) 어휘범주탁립규칙(Liberman and Prince, 1977: 270)
자매 마디 [N_1N_2]에서 N_2가 가지를 치는 경우 그곳에 강(s)이 온다.

(2.13)과 (2.14)에 의한 실제 단어의 운율 나무 구조가 어떻게 형성되는지 reconciliation의 예를 들어 살펴보도록 하자. 이 단어는 6음절의 단어로서 제1강세는 -a에 있고 제2강세는 첫 음절인 re-에 있다.

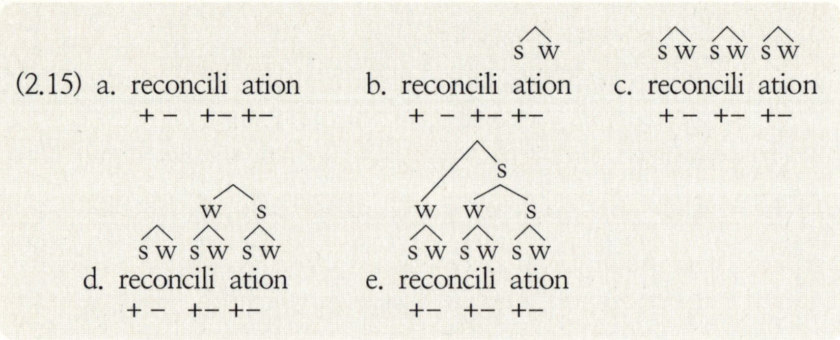

먼저 (2.15) a처럼 오른쪽부터 왼쪽으로 [+stress]자질을 부여한다. 그 다음에 끝에서부터 앞으로 sw를 단위로 음보를 형성한다. 여섯 음절이므로 (2.15) c처럼 세 음보가 형성된다. 다음으로 (2.14) 규칙에 의해 오른쪽 마디가 가지를 치고 있으므로 (2.15) d처럼 ws를 할당한다. 같은 방법으로 오른쪽 마디가 가지를 치고 있으므로 다시 ws를 (2.15) e처럼 할당한다. 여기서 아래에서 위로 계속 s(trong)로만 연결되는 −a에 제1강세가 오는 것을 알 수 있다.

그러나 다음의 예들은 끝에서 세 번째 음절 내에 중음절이 존재함에도 제1강세가 그 앞 음절에 존재하기 때문에 위의 영어강세규칙 (2.12)로는 설명할 수 없다. LP는 이러한 예들을 크게 세 부류로 나누어서 각각 다른 종류의 견인(retraction) 규칙을 사용하여 설명하고 있다. 먼저 마지막 음절이 이중모음이어서 이 음절에 강세가 와야 하나 이 음절은 무시하고 바로 앞 음절이 중음절이면 이곳에 강세가 오고, 그렇지 못하면 그 앞 음절인 끝에서 세 번째 음절에 강세가 오는 예가 있다.

(2.16) (Liberman and Prince, 1977: 274)

pyr**a**midoid	h**o**minoid	ell**i**psoid	l**i**thoid
enc**e**phaloid	cr**y**stalloid	moll**u**scoid	**o**void
tent**a**culoid	**a**nthropoid	cyl**i**ndroid	th**e**roid
cartil**a**ginoid	s**o**lenoid	salam**a**ndroid	c**e**ntroid

(2.16)의 예들은 접미사 -oid를 무시하면 SPE의 명사 규칙으로 설명이 된다. 끝에서 두 번째 음절이 경음절인 첫 열과 두 번째 열의 예들(pyra*mi*doid, ho*mi*noid)은 끝에서 세 번째 음절에 강세가 온다. 그러나 끝에서 두 번째 음절이 중음절인 세 번째 열의 예들(el*lip*soid)은 바로 그 중음절에 강세가 온다. 마지막 열의 예는 두 음절인 경우이다. 마지막 음절을 무시하면 앞 음절에 강세가 올 수밖에 없다. 이러한 현상을 설명하기 위해서 LP에서는 다음과 같이 약견인규칙(Weak Retraction Rule)을 설정하였다.

(2.17) 약견인규칙

$$V \rightarrow [+\text{stress}] / \underline{\quad\quad} C_0(\breve{V}(C))\ \underset{[+\text{stress}]}{V}$$

즉, 마지막 음절에 강세가 오면 그 앞 음절이 중음절인 경우 그곳에 강세가 오고, 약 음절이면 그 앞 음절인 끝에서 세 번째 음절에 강세가 온다는 것이다. 물론 이때 마지막 음절은 제2강세로 남는다. 이러한 예는 접미사 -oid 외에도 -ite(예, c**e**llulite, d**y**namite), -on(예, p**o**sitron, el**e**ctron), -ode(예, el**e**ctrode, c**a**thode), -ide(예, c**y**anide, per**o**xide), -i(예, al**u**mni, f**o**ci), -ology(예, phen**o**menology, eg**y**ptology)의 접미사가 첨가된 어휘가 이에 속한다.

다음으로 -ate로 끝나는 많은 동사의 경우 그 앞의 음절의 무게에 관계없이 그 앞, 앞 음절인 끝에서 세 번째 음절에 강세가 온다. 따라서 이러한 예들을 설명하기 위해 다음과 같은 강견인규칙(Strong Retraction Rule)을 설정하였다.

(2.18) 강견인규칙

$$V \rightarrow [+stress] / \underline{\quad\quad} C_o \ (V \ C_o) \ \underset{[+stress]}{V}$$

접미사 -ate로 끝나는 동사들은 이 규칙에 의해 끝에서 세 번째 음절에 제1강세가 주어진다. 마지막 음절에 제2강세가 주어지는 것은 약견인규칙의 예와 마찬가지이다. 물론 두 음절 단어인 경우에는 앞 음절에 강세가 온다(예, r**o**tate, **o**rate). 이 부류에 속하는 어휘에는 접미사 -ate로 끝나는 동사와 그 외에도 다음과 같은 어휘들이 있다.

(2.19) 강견인규칙의 예들(Liberman and Prince, 1977: 275)

a. -ate 동사

man**i**pulate	s**a**livate	hum**i**liate
art**i**culate	d**e**fecate	off**i**ciate
or**i**ginate	c**o**nfiscate	ass**a**ssinate
hydr**o**genate	d**e**signate	ex**a**cerbate

b. 그 밖의 예

anecdote	**a**dversary	**i**nfantile
p**a**lindrome	s**e**dentary	m**e**rcantile
c**a**valcade	v**o**luntary	b**y**zantine
Arkansas	m**o**mentary	**a**rgentine
n**i**ghtingale	s**a**livary	c**a**terwaul
r**e**cognize	r**e**cognition	surr**e**ptitious

(2.19) b 그 밖의 예들에서 두 번째 열은 -ary로 끝나는 어휘들이다. 접미사 -ary가 두 음절에 해당되므로 이 어휘들의 경우 끝에서 네 번째 음절(pre-antepenultimate)에 제1강세가 온다. 마지막 열의 경우 -ile/ine으로 끝나는 어휘들이다. 이 경우 끝에서 세 번째 음절에 제1강세가 오는 예들이다.

마지막으로 끝 음절에 강세가 있고 그 앞 두 음절에 연달아 강세가 존재하지 않는 예들이 있다. 이 경우 강세가 없는 두 음절 중, 앞 음절은 경음절이어야 한다. 이 예들을 설명하기 위해 LP에서는 장견인규칙(Long Retraction Rule)을 다음과 같이 설정하고 있다.

(2.20) 장견인규칙

$$V \rightarrow [+stress] / \_\_\_ \; C_o \; (\breve{V}(C))(V \; C_o) \; \underset{[+stress]}{V}$$

이 규칙에 의하면 마지막 음절에 제1강세가 있고, 제1강세는 끝에서 네 번째 음절에 오게 된다. 당연히 이 규칙의 적용을 받는 어휘들은 적어도 네 음절 이상인 매우 긴 어휘들일 수밖에 없다. 그 예로는 단일 형태소로 구성된 어휘로부터 그리스 어원의 접사 helico-, hetero-가 붙은 어휘까지 다음과 같이 매우 다양하다.

(2.21) 장견인규칙의 예들

a. 단일형태소 어휘들:		
Tat**a**magouchi	M**u**lligatawny	*Monongahela*
Winn**e**pesauckee	r**e**gamarole	
K**a**lamazoo	c**a**tamaran	
b. 이완음 연속(VV)		
t**o**reador	am**e**liorate	**i**deological
det**e**riorate	**o**rientate	m**e**teoroid
etoilate	**a**lienate	m**e**teorite
c. 그리스 접두사		
heter**o**logical	h**e**terodox	**a**utomobile
h**e**teronym	h**e**licograph	*laryngoscope*
d. -atory 접미사		
hall**u**cinatory	art**i**culatory	*confiscatory*
man**i**pulatory	*compensatory*	*condemnatory*
e. 그 밖의 예들		
p**e**regrinate	v**e**terinary	
d**i**sciplinary	**o**xygenate	

이들 중에서 Mo*non*gahela, la*ryn*goscope, com*pen*satory, con*fis*catory, con*dem*natory는 앞 모음이 중음절이어서 그 음절에 강세가 온 예들이다.

지금까지 LP에서 제안된 강세 규칙들을 살펴보았다. LP에서 제안된 운율 강세론은 앞으로 이어질 Hayes의 논문에서 계승, 발전되어 그 토대를 완전히 구축하게 된다.

2.2.2. Hayes(1982, 1984)

Hayes의 영어 강세에 관한 논문 중에서 주목할 점은 운율 외적인(extrametrical) 개념을 규칙화하였다는 것과 LP에서 처음 도입된 운율가지 개념을 리듬의 문제로 발전시켰다는 점이다. 사실 어휘 마지막 부분을 제외하면 상당히 많은 어휘가 규칙으로 설명될 수 있다는 점은 이미 SPE에서도 알 수 있었다. 예를 들어, 명사강세규칙에서 마지막 음절을 제외하면 동사의 강세 규칙과 같음을 알 수 있었다. 또 경음절, 중음절에 대한 구분도 마지막 음절은 예외로 인정되는 경우를 볼 수 있었다. 이러한 모든 현상들이 결국은 어말에서 발생하는 운율 외적인 특성을 나타내는 것이었다.

이러한 특성을 설명하기 위해 LP에서는 SPE 방식을 따라 일부 예들의 경우 기저형을 달리 설정하는 방법을 취하기도 하였다. 예를 들어, **a**llegory, **a**lligator, **A**ristotle의 경우, 오른쪽 끝 음보가 가지를 침에도 불구하고 w로 할당되므로, 어휘범주탁립규칙 (2.14)의 예외로 보아야 한다.

(2.22)
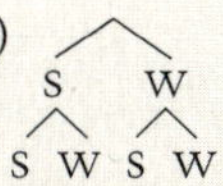

*allegory

이 문제를 해결하기 위해 LP에서는 SPE를 따라 마지막 모음의 기저형을 /-y/로 설정하였다. 마찬가지 방법으로 alligator나 Aristotle의 마지막 음절의 기저형을 각각 /r/, /l/로 설정하여 sw 할당을 받지 않게 함으로써 어휘범주탁립규칙의 지배를 받게 하였다. 하지만 이러한 예들은 너무 광범위하게 발견되므로 Hayes는 다음과 같이 몇몇 형태소에 경우, 운율구조에 간여하지 않게끔 운율외성(extrametricality)을 공식화하자고 주장한다.

(2.23) 운율외성(Hayes, 1982: 238, 240, 241)
a. C → [+ex] / ___$]_{word}$ (자음 운율외성)
b. Rhyme → [+ex]/ ___$]_{N}$ (명사 운율외성)
c. $[X]_{Suffix}$ → [+ex]/ ___ $]_{Adj}$ (형용사 운율외성)

자음 운율외성의 적용을 받는 어휘들은 다음과 같다(Hayes, 1982: 238).

(2.24)	ob**e**y	torm**e**nt	ast**o**nish
	at**o**ne	us**u**rp	dev**e**lop
	div**i**ne	rob**u**st	c**o**mmon
	discr**ee**t	ov**e**rt	ill**i**cit

위의 예들은 마지막 음절에 강세가 오려면 적어도 이중모음이나 [이중모음+자음](VV(C)), 또는 두 개의 자음(CC)으로 끝나야 함을 보여준다. 세 번째 열처럼 자음 하나만으로는 부족하다는 것이다.

이것은 끝에서 두 번째 음절의 경우와는 차이를 보인다. 영어강세 규칙에서 끝에서 두 번째 음절의 경우, 중음절(VV, VC)이면 강세를 받는다. 따라서 마지막 음절에 강세가 오는 조건이 더 까다로움을 알 수 있다. 그런데 이 마지막 음절에 Hayes의 자음운율외성을 적용하면 결국은 끝에서 두 번째 음절과 차이가 없게 되어 하나의 동일한 규칙으로 설명할 수 있게 된다. 이것이 운율외성 규칙의 장점이다.

운율외성을 인정하고 Hayes는 다음과 같은 영어강세규칙을 설정한다.

(2.25) 영어강세규칙(Hayes, 1982: 238)

단어 끝에서 $\widehat{X\ (x)}$ 틀을 사용하여 라임투사에 이분지 음보를 형성하라. 즉, 가지를 치는 음보의 오른쪽 마디가 가지를 치지 않는 라임을 지배하는 구조이다. 음보는 sw구조를 갖는다.

Hayes의 정의를 그대로 번역하면 위와 같이 복잡하나 내용은 사실 간단하다. 음보의 기본 구조는 [sw]인 [강약] 구조이고, 이것이 적용되려면 오른쪽 음절이 갈라지지 않는(non-branching) 경음절이어야 한다는 것이다. molest와 develop의 예를 들어 보자. 이 두 단어에 자음운율외성 규칙을 적용하면 마지막 자음(/t/와 /p/)은 무시하고 영어강세규칙이 적용된다.

(2.26)

a. moles(t)　　b. develo(p)

(2.26)에서 develop의 경우 마지막 자음 /p/를 무시하면 마지막 음절이 경음절이 되므로 w가 할당되어 그 앞의 s 음절과 같이 음보를 형성한다. 윗단계에서도 오른쪽 마디가 갈라지므로 s를 할당받아 (2.26) b와 같은 구조를 갖게 된다. 그러나 molest의 경우 마지막 자음이 무시되더라도 마지막 음절에 -es가 남아 그 음절에 s가 할당된

다. 이것은 영어강세규칙에서 (x)가 없는 구조로 혼자서 음보를 형성하게 되고 그 곳에 강세가 주어진다. 앞 음절은 표류(stray) 음절이 되어 나중에 이 음보에 합류하게 된다.

명사 운율외성 규칙은 명사형을 설명하기 위한 규칙이다. 명사형은 SPE에서도 보았듯이 마지막 음절을 제외하면 동사와 같이 설명할 수 있다. 따라서 명사 운율외성 규칙은 마지막 음절(여기서는 라임)을 운율 외적인 것으로 만들어버리는 규칙이다. 다음은 이 규칙으로 설명되는 Hayes(1982: 239) 자신의 예들이다.

(2.27)	Am**e**rica	Ariz**o**na	ag**e**nda
	d**i**scipline	fact**o**tum	app**e**ndix
	l**a**byrinth	el**i**tist	am**a**lgam

예들 중에서 l**a**byrinth 같은 어휘는 자음운율외성규칙과 명사운율외성규칙 모두의 적용을 받는다. 그 도출 과정은 다음과 같다.

(2.28)
s w
laby(rin)(th)
th 자음운율외성규칙
in 명사운율외성규칙

이 두 규칙이 적용되고 난 후에 영어강세규칙이 적용되면 [sw]가 하나의 음보를 형성하여 강세는 첫 음절에 오게 된다. 명사운율외성규칙으로 무시되었던 마지막 음절은 후에 표류음절로 처리되어 음보에 붙게 된다.

마지막으로 형용사운율외성규칙은 접미사가 포함된 형용사에서 접미사를 운율 외적인 요소로 처리할 것을 제안한다. 이러한 제안은 SPE에서 형용사의 강세규칙을 설명하면서 접미사가 포함된 형용사의 경우 명사강세규칙으로 설명할 수 있다는 점을 상기시킨다. 따라서 명사의 강세 현상을 설명할 때 명사운율외성규칙을 설정하여 마지막 음절을 제외시키는 것과 마찬가지로, 형용사운율외성규칙을 설정하여 접미사를 제외시키는 것이다.

다음은 Hayes(1982: 241)가 제시한 형용사들의 예이다.

(2.29)			
	mun**i**cipal	adject**i**val	frat**e**rnal
	magn**a**nimous	des**i**rous	trem**e**ndous
	sign**i**ficant	clairv**o**yant	rel**u**ctant
	innocent	compl**a**cent	dep**e**ndent
	pr**i**mitive	cond**u**cive	exp**e**nsive

위의 예들을 정리해보면 접미사 -al, -ous, -ant, -ent, -ive로 끝나는 형용사의 경우 이 접미사들을 제외한 바로 앞 음절이 중음절이면 그 앞 음절인 끝에서 두 번째 음절에 강세가 오고, 그렇지 않은 경우 그 앞, 앞 음절인 끝에서 세 번째 음절에 강세가 온다는 것이다. rel**u**ctant의 경우 다음과 같이 도출된다.

(2.30)
|
s
reluctant
t 자음운율외성규칙
an 형용사운율외성규칙

먼저 자음운율외성규칙에 의해 마지막 자음 t가 제외된다. 다음 형용사운율외성규칙이 적용되어 -an이 제외된다(사실 형용사운율외성 규칙만 적용하여 접미사 -ant를 한 번에 제외시켜도 결과는 같다). 그렇게 되어 남는 reluct-ㅇ의 마지막 음절이 중음절이므로 [s]를 받아 혼자서 음보를 형성한다. 결국 나머지 음절들은 표류 음절이 되어 나중에 이 음보에 합류하게 된다.

Hayes(1984)는 영어 강세의 궁극적 목표가 리듬 형성에 있음을 주장하고 있다. LP에서 소위 리듬 규칙이라고 불리었던 이 규칙은 강세가 한 SPE에서 주장하는 것처럼 분절음(segment) 수준에서 발생하고 있지 않음을 보여주고 있다. 즉, 다음과 같이 강세는 한 어휘의 어느 음절에 고정되어 있는 것이 아니라, 상황에 따라 자리 이동을 할 수 있다(Hayes, 1984: 33).

(2.31) fourtéen - fòurteen wómen
Mississíppi - Mìssissippi législature
seventy-séven - sèventy-seven séals

'14'를 의미하는 fourteen을 발음할 때, 강세는 마지막 음절에 오고, 그 음절은 길고 강하게 발음된다. 그러나 '14인의 여성'을 의미하는 'fourteen women'을 발음할 때는 fourteen의 첫 음절이 길고 강하게 발음되고, 원래 강세가 있었던 마지막 음절 -teen은 약하게 발음된다. 이것은 첫 단어의 마지막 강세와 다음에 오는 단어의 첫 음절에 위치한 강세가 추돌하기 때문에 생기는 현상이다.

강세의 위치가 이렇게 이동하는 이유는 강세 추돌(stress clash) 현상을 피하기 위한 것이며, 이동의 결과로 생기는 강세가 있는 음절과 없는 음절이 교체하여 발생하는 것이 바로 리듬의 본질이라는 것이

Hayes의 주장이다. 이 강세 추돌 현상을 처음 제안한 논문은 Liberman and Prince(1977)이다. 이들은 이 현상을 설명하기 위해 다음과 같은 리듬 규칙을 설정하였다.

(2.32) 리듬 규칙

w s → s w
1 2   1 2

(2가 구의 가장 강력한 요소가 아닐 경우)

즉, 강세 추돌 현상이 발생할 때, 앞 어휘의 강약의 위치가 서로 바뀌게 된다. 이 규칙은 [약강]격(Iambic)의 리듬을 [강약]격으로 바꾸는 역할을 하기 때문에 '강약전환규칙(Iambic Reversal Rule)'으로 더 잘 알려져 있다. 이 리듬 규칙은 주로 복합어 형성이나 구 형성 과정에서 발생하므로 더 깊은 논의는 하지 않겠지만, 중요한 것은 리듬의 본질이 무엇인지를 보여주었다는 사실이다. 강세 음절과 비강세 음절이 교체해서 발생하는 것이 리듬의 본질이며 이것은 당연히 단어에도 적용되어야 한다.

2.2.3. 표기(Representation)의 문제

운율 음운론에서 마지막으로 다루어야 할 것은 표기의 문제이다. SPE로 시작되는 생성음운론(generative phonology)에서 규칙 못지않게 중요하게 생각하였던 것이 바로 표기의 문제이다. 많은 문제점이 표기 방법으로 설명될 수 있다고 보았기 때문에 많은 논문들이 이 표기의 문제에 초점을 맞추고 있다. 강세 또한 예외가 아니다. 처음 SPE에서는 위에서 보았듯이 아라비아 숫자를 사용하였다. 즉, 제1강세는 1, 제2강세는 2, 이런 식이었다.

운율 음운론에서 강세는 상대적으로 더 강한 음절로 정의되며, 표기는 나무와 격자, 두 가지 방법을 사용하였다. LP에서는 기본적으로 나무 구조(arboreal tree)를 사용하며 다음과 같은 규칙을 사용하여 격자구조를 유도할 수 있다고 보았다.

(2.33) 격자 구성(Liberman and Prince, 1977: 315~316, 322)

a. 위치 표시로 모든 음절에 가장 낮은 단계의 격자를 할당하라.

b. 모든 음운 단어의 가장 강한 음절에 이 단계 격자를 할당하라.

c. 모든 구성 성분에서 가장 강한 음절이 이보다 더 약한 자매의 가장 강한 음절보다 더 높은 격자로 표기될 수 있도록 충분히 많은 격자를 할당하라.

위 규칙에 따라 나무 구조는 다음과 같은 격자 구조로 표기될 수 있다.

(2.34)

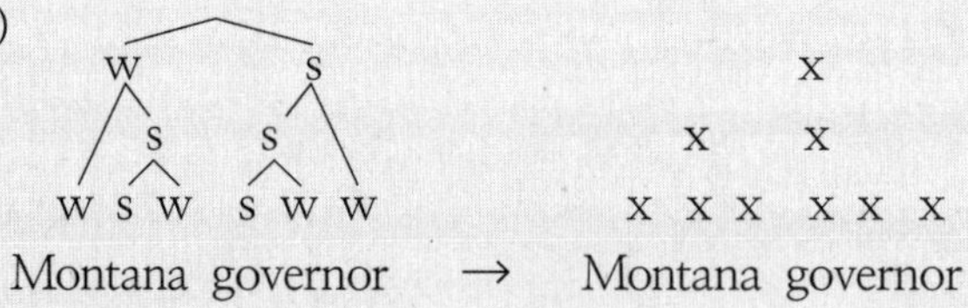

LP에서 이들이 격자 구조를 이용한 것은 격자 구조 표기 방법이 리듬의 강약 관계를 더 잘 보여줄 수 있기 때문이었다. Hayes(1984)

는 이를 더 발전시켜, 두 구조가 다 필요함을 주장하고 강세에 대하여는 나무 구조를, 리듬은 격자구조를 이용하여 표기하고자 하였다. 즉, 나무구조와 격자구조 각각의 특징과 장점을 살려 사용하고자 하였다.

처음 나무구조의 해석으로 등장한 격자구조는 점차 나무구조를 대치하는 상황으로 발전하였다. Selkirk(1984)는 나무구조와 격자구조를 비교하여 나무구조의 문제점을 다음과 같이 지적하면서 이제 나무구조는 불필요하다고 주장한다.

나무구조는 음보 단위로는 [강약]의 교체라는 리듬의 특징을 보여주는 듯하지만, 어느 정도 이상이 되면 전혀 그렇지 못하다. LP 또한 이러한 문제점을 극복하기 위해 격자구조를 도입하게 된 것이다.

(2.35) (Selkirk, 1984: 164)

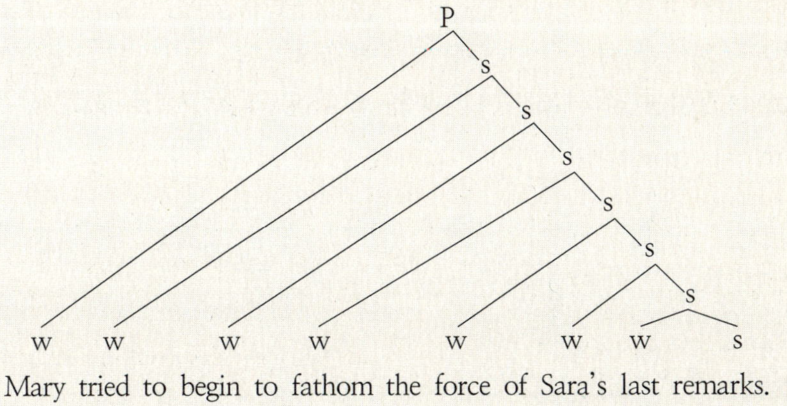

이 표기 방법은 이 문장에 나타나는 [강약]의 교체를 보여주지도 못할뿐더러, SPE의 숫자로 나타낸 표기 방법과 똑같은 문제점을 갖고 있다. 이 표기 방법에 의하면 문장이 길어지면서 더 많은 s가 늘

어나므로 문장의 마지막 내용어의 강세가 점점 더 강하게 발음되는 것처럼 되어 있으나 사실은 그렇지 않다.

나무구조의 또 다른 문제점은 [sw]로 나타나는 표기방법으로는 서로 평등한 관계는 나타내지 못한다는 것이다. 이것은 격자 구조에서는 같은 수의 격자로 나타나므로 아무런 문제가 되지 않는다. 이러한 이유로 해서, Selkirk(1984)는 나무구조를 박물관에 집어넣고 격자 구조를 중심으로 완전히 새로운 리듬 규칙을 다음과 같이 기술하고 있다.

(2.36) a. 비트 첨가(Beat Addition)

```
          x        x
x x  ⇒  x x or x x
```

b. 비트 이동(Beat Movement)

```
    x         x
  x x  ⇒  x   x
x x x     x x x
```

c. 비트 삭제

```
  x       x
x x       x              x x       x
x x  ⇒  x x              x x  ⇒  x x
x x   x                  x x     x
x x ⇒ x x                x x ⇒ x x
```

강세에 관한 모든 표기에 격자구조를 이용함으로서 위와 같은 새로운 개념들이 등장하기 시작하였다. LP와 Hayes(1982, 1984), Selkirk (1984)에 이미 언급하였듯이 격자는 나무 구조가 갖고 있었던 구조적인 문제들을 모두 해결하면서 강세에 관한 새로운 표기 방법으로 자리 잡게 되었다. 격자 구조의 거의 유일한 문제점으로 지적되었던 구성성분이나 단위에 대한 표기도 [ ]나 ( )와 같은 괄호를 사용함으로써 해결할 수 있었다.

지금까지 운율음운론을 살펴보았다. 가장 간단한 예들을 살펴보았으나 그 표기가 복잡하고, 규칙의 순차적인 적용에 의해 결과가 도출되고 난 후에도, 어휘에 따라 운율외성 규칙이나 견인(retraction) 규칙이 적용되는 등 너무 복잡하기 때문에, 실제 이 규칙들을 적용하여 개개 단어의 강세를 예측하기란 쉽지 않다. 또 예로 제시된 어휘들은 일상생활에서는 흔히 사용되지 않는 어려운 단어들이었다. 게다가 예외들의 존재는 규칙의 신빙성에 의문을 제기하게 만든다. 이러한 이유들로 해서, 강세 이론의 확립에는 도움이 될 수 있을지 모르나 실제 영어 교육현장에서는 활용하기가 불가능하였다. 운율음운론의 공헌은 우리가 흔히 '영어는 리듬이다'라고 말하는 내용을 사실로 확인하여 주었다는데서 찾아야 할 것이다.

2.3. Halle and Vergnaud(1987)

1987년 미국 MIT 출판사에서 출간된 Halle and Vergnaud(1987)는 위에서 제안되었던 거의 모든 강세에 관한 이론을 정리하였다고 볼 수 있다. 이론적으로는 촘스키의 보편문법(UG)이론을 중심으로, 모든 언어에서 나타나는 강세 현상을 몇 개의 매개변수(parameter)로 설정하였다. 표기 방법은 물론 격자구조를 이용하였으며, 모든 분석자료는 SPE에 근거하였다.

세계의 모든 언어에서 보이는 강세 현상들을 유형별로 분류하고, 그 중 하나의 유형으로 영어를 제시하고 있다. 우리는 그 초점을 영어에 한정하고, Halle and Vergnaud(1987)에 제시된 영어 자료에 근거하여 매개변수의 개념을 하나씩 살펴보고자 한다. 영어는 음절의 무게에 민감하고(quantity-sensitive), 음보는 두 음절로 구성되어 있으며, [강약격](Trochee)이 기준이라고 알려져 있는데, 이러한 모든 사실들은 다음에 제시되는 매개변수 이론에 잘 반영되어 있다.

먼저 그들은 Hayes의 운율외성을 받아들여 다음과 같은 운율외성 규칙을 제시한다.

(2.37) 운율외성(Halle and Vergnaud, 1987: 227)
x → . / ___] 첫 번째 줄 (명사)

이렇게 명사의 마지막 음절을 제외시키고, 영어 강세 규칙을 다음과 같이 제시하고 있다.

(2.38) 강세 규칙(Accent Rule)
가지를 치는 운모를 가진 음절의 두 번째 줄에 격자를 할당하라.

이 규칙은 영어 강세가 운모의 특성에 크게 영향을 받음을 나타낸다. 즉, 운모가 가지를 친다는 것은 그 음절의 핵이 장모음이거나 음절말음을 갖고 있다는 것을 의미한다. 다시 말해 중음절에 강세를 부여하라는 것이다.

이러한 기초적인 규칙 외에 매개변수에 의해 할당되는 강세규칙은 다음과 같다(Halle and Vergnaud, 1987: 227).

(2.39) a. 첫 번째 줄(Line 0)의 매개변수는 [+HT, +BND, left, right to left]로 고정된다.
b. 첫 번째 줄에 구성성분의 경계를 표기하라.
c. 첫 번째 줄 구성성분의 핵의 위치를 두 번째 줄에 표기하라.
d. 두 번째 줄(Line 1)의 매개변수는 [+HT, −BND, right]로 고정된다.
e. 두 번째 줄의 구성성분의 경계를 표기하라.
f. 두 번째 줄 구성성분의 핵의 위치를 세 번째 줄에 표기하라.
g. 두 번째 줄과 세 번째 줄을 결합(conflate)하라.

우선 첫 번째 줄에는 음절 수와 같은 수의 격자가 할당된다. 이 줄에 있는 격자들의 특성을 특징지어 줄 매개변수들을 통하여 영어의 성질을 살펴보도록 하자. 먼저, [+HT]는 머리(head)가 끝(terminal) 부분에 있음을 의미한다. 즉, 머리의 위치가 구성성분(음보, 음운 단어 등)의 경계인 왼쪽, 혹은 오른쪽 끝에 위치함을 의미한다.

강세는 언어에 따라 음절 수에 관계없이 한 단어에 하나인 경우가 있는데, 이를 '제한'이란 의미의 자질인 [BOUNDED]를 사용하여 표기한다. 영어가 [+BND]라 함은 영어의 경우 제한이 있다는 이야기이다. 영어의 경우 음보는 보통 두 개의 음절로 구성되며 많아야 세 개를 넘지 않는다.

다음의 왼쪽을 의미하는 [left]는 머리가 왼편에 있음을 의미한다. 영어의 경우 두 음절로 하나의 음보를 형성할 때, 왼편에 머리가 오는 [강약]이 [약강]보다 더 자연스러운 구조라는 것이다. 그 다음의 [right to left]는 단어 끝 편부터 보라는 의미이다. 우리는 이미 앞에서 영어의 강세를 정의할 때, 단어 끝에서부터 음절 수를 세는 것을 보았다. 언어에 따라서는 앞에서부터, 즉 왼쪽에서 오른쪽으로 분석해가는 경우도 있다.

(2.39) b, c는 구성성분과 머리의 위치 표기에 대해 기술하고 있다. 이 규칙들을 적용하여 sèrendípity의 강세 유도과정을 살펴보자. 먼저 이 단어는 다섯 음절을 갖고 있으므로 다음과 같이 다섯 격자를 첫 번째 줄에 할당할 수 있다.

```
(2.40)  x x   x x x
        serendipity
```

여기서 먼저 운율외성규칙 (2.37)을 적용하면 마지막 음절이 다음과 같이 제외된다.

```
(2.41)  x x  x x .
        serendipit⟨y⟩
```

(2.41)에 영어강세규칙 (2.38)을 적용하면 중음절인 -ren-에 격자가 하나 더 할당되어 다음과 같은 구조를 갖게 된다.

```
(2.42)     x
        x x  x x
        serendipit⟨y⟩
```

이 구조에 (2.39) abc의 규칙을 따라 격자를 할당하여보자. 먼저 오른쪽에서 왼쪽으로 마지막 음절에서 두 음절씩 음보를 만들어 간다. 먼저 마지막 두 음절(-dipi-)이 한 음보를 형성하고, 그 다음에 격자가 두 개 할당되어 있는 -ren-이 한 음보를 형성하고, 첫 음절인 se-가 하나의 음보를 형성하여 (2.43) a와 같이 표기될 수 있다. 그리고 그 위인 두 번째 줄에 머리를 나타내는 격자를 하나씩 더하면 (2.43) b가 된다.

```
(2.43)
                                                x  x  x
          (x)(x)(x x)          ⇒             (x)(x)(x x)
          serendipit⟨y⟩                      serendipit⟨y⟩
```

두 번째 줄에 대한 매개변수 적용은 (2.39) d~f의 규칙에 의거한다. 두 번째 줄에서도 머리는 구성성분의 끝 부분에 있으나([+HT]), 구성성분의 수에는 제한이 없고([-BND]), 머리는 오른쪽(right)에 위치한다. 위 규칙을 두 번째 줄의 격자에 적용하면, 세 격자는 하나의 구성 성분이 되어, 오른쪽의 머리만 남고 나머지는 삭제되어 다음과 같은 구조를 갖게 된다.

```
(2.44)  .  .  x  .  .
        (.  .  x)  .  .
         x x (x  x)
        serendipit⟨y⟩
```

여기에서 (2.39) g를 적용하여 첫 번째 줄과 두 번째 줄을 결합하면, 다음과 같은 구조가 된다. 즉, 경계 표시에 의해 세 번째 음절인

-di-가 하나의 음보를 형성하면서 앞의 두 음절, 뒤의 두 음절이 각각 음보를 형성한다.

```
(2.45)      x
            x
        (x x)(x)(x x)
        serendipity
```

여기에 다시 (2.39) a~c가 차례로 적용되어 각 음보의 왼쪽에 격자를 하나씩 첨가하여 [강약]격을 만들어 주면 (2.46)이 도출된다.

```
(2.46)      x
        (x    x x)
        (x x)(x)(x x)
        serendipity
```

지금까지 serendipity라는 단어의 강세를 Halle and Vergnaud의 방법에 의해 도출해 보았다. 매우 복잡한 과정을 거쳐서 이 단계에 도달하였음에도 불구하고 완전한 표면형이 도출된 것은 아니다. (2.46)에서 끝에서 두 번째 음절인 -pi-의 두 격자는 강세후강세삭제(Poststress destressing)규칙에 의해 격자 하나가 삭제되어 다음과 같은 표면형이 도출된다.

```
(2.47)      x
        x   x
        x   x   x  x  x
        se ren di pi ty
```

제1강세는 끝에서 세 번째 음절에 오고, 제2강세가 첫 음절에 온다.

Halle and Vergnaud(1987)의 강세 이론은 이전에 SPE, LP, Hayes에 의해 제안되었던 영어에 대한 규칙들을 매개변수에 맞추어 격자구조 표기 방법을 이용하여 정리하여 놓은 것이다. 위에서 그들의 규칙에 따라 serendipity라는 단어의 강세 구조를 도출하여보았지만, 그 규칙 자체도 복잡할 뿐만 아니라 그 적용순서를 엄격하게 지켜야 하는 문제가 있다. 외국어로서 영어를 배우는 사람들이 이러한 방법을 통해서 영어의 강세 위치를 포착하는 것도 불가능한 일이지만, 모국어 화자들이 이러한 순서를 통해 영어의 강세 위치에 대한 직관을 갖게 되는지도 의심스럽다. 외국어로 영어를 학습하는 사람들의 입장에서는 접미사 -ity 앞 음절에 제1강세가 있으며 음절 수가 셋 이상인 경우 리듬을 형성하여 두 음절이나 많게는 세 음절 앞에 제2강세가 온다고 알고 있는 편이 훨씬 더 간편하고 용이할 것이다.

전 세계 언어들을 강세에 따른 유형별로 분류하고 각각의 특성에 대하여 매개변수를 사용하여 해설하고자 하였던 것은 하나의 이론으로는 훌륭하다. 그러나 실제 우리가 그 이용을 사용할 수 있는 지를 가늠하는 실용성을 따진다면 그 가능성은 그리 크지 않다. 이것은 물론 이론과 실제의 서로 다른 목적에서 기인한다. 그러나 같은 현상을 설명하는 여러 이론들 중에서 실제 적용 가능성이 큰 것이 있다면 그 이론이 선호될 것은 틀림없는 사실이다.

이들이 다루고 있는 예들의 난해함 또한 그 적용을 어렵게 하는 이유 중의 하나이다. 위에서 예를 들었던, serendipity '횡재' 역시 일상생활에서 흔히 사용할 수 있을 것 같은 쉬운 단어는 아니다. 내 기억에도 영화 제목으로 한 번 본 것 외에는 실제 사용한 적은 없는 단어이다. 분석 자료로 제시된 대부분의 단어들이 이렇게 난이도가 높은 단어인지라 언어 분석 자료로는 효용성이 있겠지만, 실제 사용에는 부적격한 어휘들이다. 이런 까닭에 이론의 실제 적용은 더욱 더 가능성이 작아진다.

또 하나 지적하여야 할 것은 Halle and Vergnaud의 이론이 단지 영어만을 염두에 두고 분석한 것이 아니라는 것이다. 따라서 우리처럼 영어에만 관심이 있는 사람들에게는 불필요한 개념들이 많이 존재한다. 이러한 장치는 영어를 이해하기 위해서 다른 나라 언어의 강세 체계도 같이 공부해야 하는 부담을 주게 된다. 마지막으로 지적해야 할 것은 역시 예외이다. 이렇게 복잡한 규칙 체계에도 불구하고, 예외는 역시 존재한다. 이 예외들을 설명하기 위하여 예외 조항을 규정하고 있는데 이 또한 이론에서 제시된 규칙들을 의심하게 하는 요인들이다.

그러나 이러한 많은 문제점에도 불구하고, 운율 음운론은 매우 중요하다. 특히 단어의 리듬구조나 복합어, 구의 리듬구조가 동일하다는 LP의 주장은 여러 측면에서 우리에게 시사하는 바가 많다. 기본적으로 단어에 나타나는 리듬 구조를 익히면 복합어나 구, 문장의 리듬 구조로 확대 적용할 수 있음을 어렵지 않게 추론할 수 있다.

2.4. Burzio(1994)

생성음운론 이후 운율 음운론으로 이어져 왔던 추상적인 기저형의 이용, 강세 규칙의 설정과 규칙의 엄격한 적용순서는 Burzio(1994)에서 강한 도전을 받는다. Burzio(1994)는 첫 장부터 자신은 완전히 다른 접근 방법을 사용하고 있음을 강조하고, 다음과 같이 전통적으로 인정되어 왔던 영어 강세에 대한 원리에 의문을 제시한다.

(2.48) a. america 같은 단어들의 마지막 음절은 운율 외적이다.
b. 강세는 순서적으로 적용된 일련의 규칙에 의해 할당된다.
c. 강세는 제거될 수도 있다(강세 삭제, 강세 결합).
d. 강세 할당은 "순환성(cycle)"에 의해 통제된다.
e. 강세에 영향을 주는 접사들은 I단계에서 첨가되고, 강세에 영향을 주지 않는 접사 들은 II단계에서 첨가된다.
f. 접사들의 음운적 특성은 형태 구조상의 위치와 관련되지 않는다. "괄호 모순(bracketing paradoxes)" 현상이 나타나기 때문이다.

SPE 이래로 영어의 강세 현상을 일관성 있게 설명하기 위해서는 명사의 경우 마지막 음절을 운율 외적이라 하여 강세규칙의 적용에서 제외시켰었다. (2.48) a는 이 "운율외성"을 인정하지 않는다는 주장이다. (2.48) b는 생성음운론의 이론적인 틀을 비판하는 것이다. 생성음운론은 생성문법(generative grammar)의 형식을 빌려, 기저형의 설정, 음운 규칙의 순차적 적용, 표면형 도출의 형식을 띠고 있다. 처음 적용된 강세 규칙에 의해 우리가 원하는 결과가 나오지 않기 때문에, 결국 강세 삭제나 격자열의 결합(conflation)을 통해 강세를 재배치하는 강세 규칙을 설정하였었는데 (2.48) c는 이것을 정면으로 비판하고 있다.

생성음운론의 모든 다른 음운규칙과 마찬가지로 강세 규칙도 순환규칙(cyclic)과 비순환(non-cyclic) 규칙으로 나누어진다. 이러한 구분은 강세 규칙을 더욱 더 복잡하게 만드는 결과를 초래하여 여러 면에서 바람직하게 여겨지지 않는 것이었다. 따라서 이러한 구분이 없이 단 한 번의 규칙 적용으로 올바른 형태의 표면형을 얻어낼 수 있다면 이것처럼 간편한 방법은 없을 것이다.

(2.48) e는 어휘음운론(Lexical Phonology)의 이론적인 틀을 반박하는 것이다. 어휘음운론에서는 형태론과 음운론의 상호 관련성을 처리하기 위해, 어휘부(lexicon) 안에 단어형성규칙(word formation rule)과 음운 규칙이 상존하고 있다고 가정한다. 이들은 각각 여러 층에 분산되어 있으며, 그 중에서 강세 규칙은 제1층에 존재하여 같은 층에서 형성되는 소위 "강세에 영향을 주는 접사"(예, -ic, -ity 등)에 적용된다는 것이다. "강세에 영향을 주지 않는" 접사(-ness, -ful, -less 등)는 제2층에서 첨가되기 때문에 강세 규칙의 적용을 받지 않는다. Buzio는 이러한 층의 존재를 부정하고 있다.

그렇다고 Burzio가 음운론과 형태론의 상호 관련성 자체를 부정하는 것은 아니다. 괄호모순의 발생으로 음운론과 형태론의 두 영역을 분리해서 보았던 이전 주장 (2.48) f는 잘못 되었다고 주장한다. 따라서 그는 단일 형태소로 구성된 단어와 그렇지 않은 단어로 분류하여 분석하고 있다. 파생어(derived word)의 경우 어기(base)의 강세 위치에 의해 영향을 받는다는 가정하에 먼저 단일형태소로 구성된 단어를 분석하고 다음에 파생된 단어들의 강세 현상을 다루고 있다. 표기방법 또한 운율 나무나 격자를 사용하지 않고, 괄호를 사용하여 음보를 표기하고, 제1강세(´)와 제2강세(`)는 악센트에 의한 전통적인 표기방법을 따르고 있다.

Burzio의 강세 분석은 음보 구조에 바탕을 두고 있다. 발생 가능한 음보의 유형을 설정하고 그것을 표면형의 적격 조건(well-formedness condition)으로 사용하고 있다. 이렇게 설정된 음보의 유형과 "약(Weak)" 음절이라는 영어에만 존재하는 특별한 음절이 Burzio 분석의 큰 두 축을 형성하고 있다. 음절은 중음절과 경음절, 두 종류로 분류되는 것이 일반적인데, Burzio(1994: 16)는 다음과 같이 (이탤릭체로 표기된) 영어의 약음절을 별도로 설정하고 있다.

(2.49) a. a ris(to cra *cy*) / (ca lum)*ny*, (ac cu ra)*cy*
b. ob(jec *tive*) / (ad jec)*tive*, (no mi na)*tive*
c. ad(ven *ture*) / (a per)*ture*, (tem pe ra)*ture*
d. e(xam *ple*) / (car bun)*cle*, (ve ge ta)*ble*
e. de(cem *ber*) / (cha rac)*ter*

영어의 약음절은 운율외성을 갖을 수도 있고, 그렇지 않을 수도 있다. 이 외에 약음절에 포함되는 것은 "영모음(null-vowel)"을 포함한 음절이다. 영모음은 Burzio 분석에서만 발견되는 개념인데, 이것은 영어의 모든 단어가 모음으로 끝난다는 가정하에 자음으로 끝나는 모든 단어 뒤에 영모음(ø)의 존재를 가정한다는 것이다. 예를 들어, 자음으로 끝나는 robust, develop의 음보 구조는 다음과 같이 설정된다.

(2.50) a. ro(bús tø) (HW)
b. de(vé lo pø) (HLW)
(H=중음절, L=경음절, W=약음절)

음보는 괄호로 표시되며 영모음을 가정할 경우, robust의 음보는 (HW), develop의 음보는 (HLW)의 구조를 갖게 된다.

영모음을 가정하면 영어의 단음절은 존재하지 않게 되고, 과거에 마지막 자음을 운율 외적인 것으로 처리하였던 prevent는 강세 할당에 관하여 명사형 agenda와 같은 유형의 단어로 분류할 수 있다는 장점이 있다. 명사 agenda의 경우 끝에서 두 번째 음절(-gen-)이 중음절이므로 강세가 온다. 마찬가지로 prevent의 구조를 preventø로 보면 끝에서 두 번째 음절(-ven-)이 중음절이므로 이 음절에 같은 규칙에 의해 강세가 오게 된다.

기존의 강세 이론에서 한 음보의 음절 수를 최대 둘로 고정하였지만, Burzio는 이 제한을 풀어 세 음절까지 허용하고 있다.

(2.51) 음보의 종류
a. 세 음절 음보: (LLL), (HLL), (HLH), (HLW) 등등
b. 두 음절 음보: (HL), (HW), (LL)

음보 유형들은 무게와 위치에 따라 다음과 같은 가중치(value)를 부여받게 된다.

(2.52) a. 무게에 따른 가중치: H=3, L=2, W=1
b. 위치에 따른 가중치:
i. ($\sigma_1 \sigma_2 \sigma_3$) σ_1=3, σ_2=2, σ_3=1
ii. ($\sigma_1 \sigma_2$) σ_1=3, σ_2=1.5

음보 유형들은 이 기준에 의해 가중치를 부여받게 되는데, 최적의 음보 유형은 가중치 12를 부여받는 (HL)과 (LLL)이다. (HL)의 경우 첫 중음절 H는 무게에 의해 3, 위치에 의해 3, 따라서 총 9(=3×3)의 가중치를 부여받게 되고, 뒤 경음절은 무게에 의해 2, 위치에 의해 1.5, 총 3(=2×1.5)의 가중치를 갖게 되어, 총합이 12가 되는 것이다. 이 두 유형은 다음 예에서 보여주듯이, 단어 끝에 나타날 수도 있고, 그렇지 않을 수도 있다.

(2.53)		단어 중간	단어 말
	a. (HL)	mo(nòn ga)hé:la	àri(zó:na)
	b. (LLL)	(wìnnepes)sáukee	a(mé ri ca)

영어의 음보 구조는 이 최적의 가중치 12에 근접하는 유형만을 허용하며, 이 유형에 의해 단어의 강세가 적격하게 주어지도록 "검사(checking)"한다는 것이 Burzio의 주장이다.

이와 같은 가정을 하면, SPE 이래 규칙적으로 간주되었던 영어 단어의 강세는 다음과 같이 설명될 수 있다(Burzio, 1994: 46).

(2.54) a. 끝에서 두 번째 음절 중음절에 강세: (H σ)
(예, a(génda), ho(rí:xo)n ø)
b. 끝에서 세 번째 음절에 강세: (σ L σ)
(예, a(mérica), (ásteris)k ø)

(2.55) a. 마지막 초중음절(Superheavy)에 강세: (HC ø)
(예, pre(vént ø))
b. 끝에서 두 번째 음절에 강세: (σ LC ø)
(예, in(hábit ø))

처음 Burzio의 주장을 보면 우리가 비판했던 생성음운론과 운율음운론의 여러 복잡한 장치들을 부정하고, 그들의 사용이 없이 영어 강세 현상을 설명하려 했다는 점에서 사뭇 신선하기까지 하다. 그러나 자세히 읽다 보면 기존의 장치를 사용하지 않는다는 것뿐, 영모음이라는 추상적인 존재와 약음절이라는 새로운 단위를 가정하기 때문에 설명이 매우 단순해졌다고 보기는 힘들다.

또한 이론적인 면에서도 단음절을 배제하여야 한다는 원칙 아래, 모음으로 끝나는 단음절(monosyllabic) 단어에는 영모음을 가정하는 반면(예, law ø), 모음으로 끝나는 다음절(multisyllabic) 단어에는 영모음을 할당하지 않는 모순이 발견된다. 즉, 영모음 할당에 일관성이 결여되어 있다는 것이다. 단음절을 없애기 위한 노력은 stop, spring과 같은 단어의 경우 앞에 영모음을 두어 (ø s.tóp), (ø s.príng)으로 분석하였는데 이것은 영어의 전형적인 운율인 [강약]격에 위배되는 [약강]격이어서 모국어화자의 직관과도 맞지 않는다(Lee, J-Y, 1996 참조).

2.5. 최적성 이론 분석(Hammnond, 1999)

20세기 말, 음운론계를 강타한 최적성 이론은 기존의 모든 음운 연구에 엄청난 파장을 몰고 왔다. 이전 생성 음운론의 틀 안에서 규칙으로 기술되던 모든 음운 규칙들은 이제 제약(constraint)이라는 새로운 이름으로 탈바꿈하게 되었고, 엄격히 지켜져야 했던 규칙의 적용 순서는 제약의 위계(rank)로 바뀌었다.

영어의 강세 규칙 또한 이러한 주류의 변동으로 제약이라는 새로운 옷으로 갈아입었다. 따라서 우리가 위에서 음운 규칙, 또는 매개변수로 제시하였던 영어에 대한 일반적인 사실, 모두가 제약으로 다시 쓰여야 한다. 다음은 Hammond(1999: 261)에 의해 제안된 영어 강세 할당에 필요한 제약들이다.

(2.56) a. Rooting: 모든 단어에는 강세가 있다.
b. Align-R: 모든 음보의 경계는 단어의 오른쪽 끝과 일치한다.
c. NonFinal(ity): 마지막 음절은 음보에서 제외한다.
d. Trochee: 강세는 음보의 왼편에 있다.
e. Foot Binarity: 음보는 이분지이다.
f. The Weight-to-Stress Principle(WSP): 중음절은 강세를 받아야 한다.

(2.56) a는 모든 영어 단어에는 강세가 있음을 나타낸다. 따라서 한 음절의 단어는 그 음절에 강세가 있다고 본다. 강세가 없다면 이 제약을 위반하게(violate) 되는 것이다. (2.56) b는 음보의 경계를 단어의 오른쪽 끝과 일치시킴으로써, 강세를 고려할 때 단어의 끝에서부터 처음 부분, 즉 '오른편에서 왼편으로'(R→L) 분석해 나가라는 사실을 나타내고 있다. (2.56) c는 '운율외성'의 또 다른 표현이다. 즉, 명사나 접미사가 붙은 형용사를 분석할 때 마지막 음절은 제외된다는 점을 상기하면 쉽게 이해할 수 있다.

(2.56) d는 영어의 기본 강세 유형은 [강약]격이라는 것이다. 따라서 [강약]격이 아닌 음보는 이 제약을 위반하는 것이 된다. (2.56) e는 기본적으로 한 음보는 두 개의 음절로 구성됨을 말한다. 영어 단어의 경우 경우에 따라 세 음절이 하나의 음보를 형성하기도 하는데, 이것은 이 제약을 위반한 것으로 바람직하지 않다는 것이다. 마지막 제약인 (2.56) f는 영어 강세가 음절 무게에 민감하다는 사실을 제약으로 바꾼 것이다.

결국 (2.56)의 제약들은 위에서 지적하였듯이 영어 규칙이나 매개변수들을 제약으로 바꾼 것에 지나지 않는다. 그러나 중요한 차이는,

최적성 이론의 이론적 장점에서 찾을 수 있다. 즉, 순서에 따라 환경이 일치하는 경우 반드시 적용되어야 하는 규칙과는 달리, 제약은 위반할 수 있다는 것이다. 모든 제약을 반드시 지켜야 하는 것은 아니며 제약의 위계상 가장 낮은 제약을 위반한 후보자(candidate)가 최적의 표면형으로 선택된다는 것이 최적성 이론의 요체이다. 따라서 표면형을 결정하는 데 제약의 위계가 매우 중요한 역할을 한다. 위 제약들의 위계는 다음과 같이 정의된다.

(2.57) 위계

$$\left\{ \begin{array}{l} \text{Rooting} \\ \text{Trochee} \end{array} \right\} \gg \cdots\cdots \gg \text{FtBin} \gg \text{NonFinality} \gg \text{Align-R}$$

이 위계에 의하면 영어의 모든 단어에는 반드시 강세가 있어야 하며, 음보는 [강약]격으로 구성되는 것이 가장 바람직하다. (2.56)의 제약들을 (2.57)의 위계에 따라 실제 단어인 America에 적용해 보면 다음과 같다.

(2.58) *America*

/America/	Trochee	FtBin	NonFinal	Align-R
Ame[ríca]			*!	
Ame[ricá]	*!		*	
☞A[méri]ca				*
A[merí]ca	*!			*
Ame[rí]ca		*!		*
Ameri[cá]		*!	*	

제약들은 직접적인 관련이 있는 것만 나열해 보았다. 첫 번째 후보인 Ame[ríca]의 경우 마지막 음절을 제외하지 않고 음보의 구성성분에 포함시켰기 때문에 NonFinal이라는 제약을 위반하였다. 두 번째 후보인 Ame[ricá] 또한 마지막 음절을 포함시켰기 때문에 NonFinal을 어기고 있다. 그러나 더 나쁜 것은 마지막 음보(-rica)의 운율이 [약강](iambic)으로 설정됨으로써 가장 높은 제약 중의 하나인 Trochee를 위반하고 있다. 이것은 NonFinal을 어긴 것보다 훨씬 더 나쁜 것이다.

세 번째 후보인 A[méri]ca의 경우 음보의 오른쪽 경계가 단어의 끝과 일치하지 않기 때문에 Align-R이라는 제약을 위반하고 있으나 이 제약은 위계가 매우 낮기 때문에 이 후보를 탈락시키지 못한다. 네 번째 후보 A[merí]ca는 세 번째 후보와 비슷하나 음보의 운율이 [약강]격으로 가장 높은 제약인 Trochee를 위반한 것이 된다. 다섯 번째와 여섯 번째 후보는 모두 음보에 한 음절이 포함되게 되어서 결정적으로 '한 음보는 두 음절이어야 한다'는 FtBin 제약을 위반하고 있다.

이상의 후보들을 비교하여 본 결과 모든 제약을 완벽하게 지키는 것은 아니지만 가장 위계가 낮은 제약 Align-R을 위반한 A[méri]ca가 최적의 표면형으로 선택(☞)된 것이다. 후보들을 비교하는 과정에서 결정적으로 탈락의 원인이 되는 제약에는 (!) 표시를 하여, 이 위반 때문에 탈락되었음을 표기하고 그 뒤의 제약들은 음영을 조금 어둡게 하여 별로 중요하지 않음을 나타내고 있다.

위 제약들 중 음절 무게의 관련성을 나타내는 WSP의 위계는 포함되지 않았는데, 이것은 영어 단어에서 중음절의 성격에 따라 그 위계가 달리 나타나기 때문이다. 예를 들어, 중음절은 장모음(VV)인 경우와 어말자음이 존재하는 경우(VC)로 나뉘어질 수 있다. 이들의 위계는 각각 다르게 나타난다. 먼저 어말 자음이 존재하는 경우

WSP(VC)는 NonFinal보다 위계가 낮아야 한다.

(2.59) *animal*

/animal/	Trochee	FtBin	NonFinal	WSP(VC)
a[nímal]			*!	*
a[nimál]	*!			
☞[áni]mal				*
[aní]mal	*!			*
a[ní]mal		*!	*	*
ani[mál]		*!		

여기서 만약에 NonFinal보다 WSP(VC)의 위계가 더 높이 설정되면 최적형은 [áni]mal이 아닌 음절말음을 갖고 있는 -mal에 강세가 가는 후보인 a[nimál]이나 ani[mál]이 선택될 가능성이 있다. 물론 이 둘은 이 보다 더 높은 위계의 Trochee와 FtBin에 의해 각각 탈락되기는 하지만, NonFinal이 WSP(VC)보다 더 위계가 높음을 보여주고 있다.

한편 다음의 예는 같은 음절 무게에 대한 제약이라도, 장모음의 경우인 WSP(VV)는 NonFinal보다 위계가 높음을 보여준다.

(2.60) *aroma*

/aroma/	Trochee	WSP(VV)	FtBin	NonFinal
☞a[róma]				*
a[romá]	*!	*		*
[áro]ma		*!		
[aró]ma	*!			
a[ró]ma			*!	
aro[má]		*!	*	*

(2.60)의 후보 중에서 [áro]ma는 WSP(VV)에 의해서 탈락이 되고 있다. 만약 이 제약의 위계가 NonFinal보다 낮을 경우에는 당연히 이 후보가 최적형으로 선택될 것이다.

이렇게 최적성 이론은 여러 제약과 그 제약들의 위계관계로 영어 강세 현상을 설명하고 있다. 최적성 이론의 장점이면서 또한 문제점이기도 한 것은, 새로운 현상을 설명하고자 할 때마다 새로운 제약을 만들거나 또 기존의 위계를 잘 조정하면 설명 못할 것이 없다는 점이다. 그러나 새로운 제약은 나름대로의 독립적인 존재 이유가 있어야 할 것이고, 위계 순서도 전체적인 틀을 깨뜨리지 않는 범위 안에서 이루어져야 한다.

한편, 이러한 제약과 위계의 조작으로도 도저히 설명이 되지 않는 예에 대해서 Hammond는 이러한 예들은 어휘 자체에 강세 표시가 되어 있고(Notating accent) 그 표시를 준수하게끔 하는 Faith란 제약을 다음과 같이 제안한다(Hammond, 1999: 269).

(2.61) Faith(v̇)
액센트를 갖고 있는 음절은 강세를 받는다.

이 제약의 지배를 받는 예에는 vanílla와 bassinét 같은 전통적으로 강세 규칙에 대해 예외적으로 취급되어 왔던 어휘들이 속한다.

vanilla의 경우 위의 제약과 위계로는 다음과 같이 잘못된 후보가 최적형으로 선택된다.

(2.62) *vanilla*

/vanilla/	Trochee	FtBin	NonFinal
va[nílla]			*!
☹[váni]lla			
va[ní]lla		*!	
[vaní]lla	*!		

위의 후보 중에서 바람직하게는 첫 번째 후보 va[nílla]가 선택되어야 하겠지만, 두 번째 후보인 [váni]lla의 경우 어느 제약도 위반하지 않기 때문에 최적형으로 잘못 선택된다. 따라서 이러한 경우 기저구조에 vani̊lla, bassine̊t처럼 액센트를 표기하고 다음과 같이 제약 Faith(v̊)를 제약 NonFinal보다 위계를 높게 하면 올바른 결과가 선택되게끔 한다는 것이다.

(2.63) *vanilla*

/vani̊lla/	Trochee	FtBin	Faith(v̊)	NonFinal
☞va[nílla]				*
[váni]lla			*!	
va[ní]lla		*!		
[vaní]lla	*!			

그러나 이 제안처럼 사실상의 예외를 인정하고, 예외의 경우 기저형에 위와 같이 표기를 하여 제약 Faith를 지키게 하는 장치를 인정한다면, 사실 심하게 말하면 다른 제약이나 위계는 다 필요 없게 되는 결과를 낳을 수 있다. 모든 단어의 강세 위치에 액센트를 표기하

여 그것을 기저형으로 하면 제약은 Faith 하나면 되기 때문이다.

영어 강세를 설명하기 위해 등장하는 각종 제약들과 그 위계 관계는 영어 강세 현상을 간접적으로 설명한다는 문제점을 안고 있다. 강세 현상을 그대로 놓고 설명하는 것이 아니라 제약과 그들의 위계로 따지다보면 강세의 위치는 이미 알고 있는 것이어야 하는 문제가 발생한다. 이미 알고 있는 자료들을 바탕으로 제약들을 발견하고, 그 제약들의 위계를 정하는 것이 언어학자들이 하는 일이다. 문제는 이렇게 만들어 놓은 제약과 위계가 새로운 단어의 강세 위치를 예측하는데 얼마나 도움이 되느냐는 것이다. 새로운 단어의 강세를 이 제약과 위계에 의해 강세의 위치를 예측하였는데, 실제 강세 위치와 일치하지 않으면 결국 제약을 새로 만들거나 제약들의 위계를 수정해야 하는 결과에 도달한다. 결국 완벽한 이론이 등장하기 전까지는 연역적으로 이 장치를 사용할 수 없다는 태생적인 문제를 이 이론은 안고 있다고 볼 수 있다.

이러한 문제는 단지 최적성 이론에만 국한되는 것은 아니다. 모든 언어학의 이론이 이런 문제점을 안고 있는데, 그것은 언어 연구의 목표가 이미 알고 있는 언어 자료들을 바탕으로 모국어화자들의 머리 속에 내재된(internalized) 언어지식을 찾아내는 것이기 때문이다. 따라서 이렇게 발견된 언어 규칙들을 갖고 다른 새로운 자료에 아무런 문제없이 적용되려면 이론 자체가 완벽해야 하는데 완벽한 이론이란 있을 수가 없기 때문에 이러한 구조적인 문제가 생기는 것이다.

또 다른 언어 이론 적용의 문제는 이론 자체의 어려움에 있다. 예를 들어, 우리가 관심을 갖고 있는 영어 강세의 문제만 해도 그렇다. 영어 단어의 강세 현상을 이해하기 위해서, 우리는 먼저 강세 이론을 이해해야 한다. 그런데 이 이론 자체의 구조가 간단하지 않기 때문에 영어 강세에 대한 이해는커녕 이론 자체만을 갖고 씨름하다 끝이 나는 경우가 비일비재하다. 따라서 강세 이론을 통해 강세 현상을 익히는 것보다는 강세 현상 자체, 즉 영어 단어를 직접 익히는 편이 더 좋다는 결론에 도달한다. 이 결론을 따르자면 영어 강세 이론은 영어 강세를 외국어로서 익히는 우리에게는 전혀 도움이 안 되는 것으로, 아니 오히려 장애 요소로 생각할 수 있다. 실제 그럴까?

이 질문에 대해 나는 영어학자로서 당연히 '그건 아니다'라고 대답한다. 영어 이론 자체도 영어 단어를 예로 하여 나온 것이니만큼 우리가 알면 크게 도움이 될 여러 요소들을 갖고 있는 것이다. 생성음운론이나 운율음운론에서 최적성 이론까지 지금까지 소개된 여러 이론이 각각 이론 전체는 아니더라도, 우리에게 무엇인가 영어 모국어화자들이 갖고 있을 법한 영어 강세에 대한 직관을 조금씩 소개하는 것은 사실이다. 다음 장에서는 그러한 것 중에서 우리에게 가장 필요하다고 생각되는 리듬에 대한 개념을 바탕으로 영어 단어 강세의 구조로 이야기를 전개하고자 한다.

제3장

영어 강세의 본질

앞에서 우리는 영어의 강세 현상에 대한 여러 이론들을 살펴보았다. 이론들은 나름대로의 이론적인 틀로 영어의 강세 현상을 분석하고 있지만, 우리처럼 외국어로서의 영어를 배우는 사람들에게 직접적이고 실질적인 도움을 주는 것 같지는 않다. 이것은 물론 영어 강세이론의 목적이 영어 모국어화자의 머릿속에 내재되어 있는 언어지식을 찾아내는 것이지, 외국인들에게 영어 강세 현상을 보다 잘 설명하기 위한 것이 아니기 때문이기도 하다. 바람직하게는 그 둘의 서로 다른 목적이 일치하면 좋겠지만 현실은 그렇지 못한 듯하다.

이런 현상은 영어학 전공 대학원 논문 쓰기 과정에서도 잘 나타난다. 많은 사람들이 영어 강세에 대한 연구를 하지만, 정작 자료로 사용한 영어 단어에 대한 발음은 잘 못하는 상황이다. 이론을 이론 자체로 공부하였을 뿐 실제 사용이나 적용은 전혀 고려하지 않았기 때문에 생기는 현상이다. 이론 자체만으로도 매우 재미있는 연구 영역이기는 하지만 논문을 쓰는 본인 스스로의 영어 발음에도 도움을 주지 못하는 연구라면 문제가 있다고 보아야 할 것이다.

또 다른 원인으로는 이들 이론에서 다루고 있는 자료들이 영어 단어이기는 하나 실생활에는 많이 사용되지 않는 단어들이란 점을 지적할 수 있다. 강세 이론을 세우기 위해서는 아무래도 다음절 단어들이 연구 대상이 되는데, 자료로 사용된 이 다음절어들은 우리가 흔히 말하는 생활영어나 실용영어와는 다소 거리가 먼 어려운 용어들이 대부분이다. 실제 교육부에서 발간한 「외국어과 교육과정」에 기본어휘라고 소개된 2067개의 어휘 중, 47%의 어휘들이 단일 음절(monosyllabic) 어휘였다. 이는 전체 어휘의 반이 약간 안 되는 숫자이다. 단일 음절어들은 강세 이론 연구의 자료에서 제외되므로, 강세 이론 연구가 실제로 우리가 매우 기본적이라고 생각하는 어휘들의 정확한 발음에 큰 영향을 주지 않는다는 사실을 보여준다.

강세 이론 자체를 영어 교육에 적용하는 데에는 이론이라는 또 다른 장벽이 가로막고 있다. 우리의 입장에서 영어 강세를 알아야 하는 것은 영어 발음을 잘하기 위한 것이다. 이론만을 강조하다 보면 영어 발음을 잘하기 위함이라는 본래의 목적은 사라지고, 이론 그 자체에만 신경을 쓰는 결과를 낳을 수 있다.

이와 유사한 문제점은 이미 우리의 문법 교육에서 입증된 바 있다. 너무 문법에만 초점을 맞춘 나머지 제대로 된 영어 문장을 쓰지 못하면서도 문장의 형식이나 용법은 줄줄 외고 있는 사람들이 부지기수이다. 교육 현장에서 문법을 강조하고 이러한 문법 지식을 묻는 문제를 시험 문제로 내놓은 결과이다. 잘못하면 똑같은 결과를 영어 발음 교육에서도 낳을 수 있다. 이러한 예측은 이미 영어학 전공 대학원생들의 영어 강세 논문에서 사실로 드러나고 있다.

그렇다면 영어 강세 이론은 전혀 실용성이 없는 것일까? 반드시 그렇지는 않다. 영문법에서 다루는 문법 지식이 영어 구문을 이해하는 데 도움이 되듯이, 영어 강세 이론 또한 영어 발음을 이해하는 데 많은 도움을 줄 수 있다. 중요한 것은 영어 강세 현상을 이해하는 데 반드시 필요한 요소들을 선별, 정리하여 이들을 영어 교육, 특히 발음 교육에 포함시키는 것일 것이다. 이 장에서는 먼저 영어 강세의 본질을 이해하는 데 필요한 기본적인 개념들을 정리하고 그 개념들이 실제로 어떻게 영어 자료에 적용될 수 있는지, 기본어휘들을 대상으로 적용, 분석하고, 그 결과가 갖는 의미를 살펴보고자 한다.

앞 장의 영어 단어에 나타나는 강세 현상에 대한 논의에서 알 수 있었던 영어 강세에 대한 사실들은 다음과 같다.

(3.1) 영어 강세에 관한 사실

a. 영어의 단어 강세는 음절의 무게와 밀접한 관련이 있다(quantity-sensitive).
b. 강세의 위치는 영어 단어의 끝에서부터 앞으로 따진다(R→L).
c. 영어 강세 규칙은 단어의 품사와 관련이 있다.
d. 강세는 영어 리듬을 형성하는 기본 단위인 음보(foot)를 형성한다.
e. 음보의 기본 단위는 [강약]격이다.
f. 영어 강세는 단어 구조와 밀접한 관련이 있다.
g. 많은 예외가 있다.

영어 강세의 본질을 이해하기 위해서는 먼저 (3.1)에 명시된 사실들을 이해하는 것이 필수적이다. 사안에 따라서는 논란의 여지나 이견이 있을 수 있지만, 대체로 이들을 어떻게 자신의 새로운 이론의 틀 안에서 설명할 것인가가 새 이론에 의해 강세 현상을 논하고자 하였던 학자들의 주 관심사였다. 우리는 이 장에서 위의 사실들을 이해하는 데 필요한 개념들을 살펴보고 실제 이 사실이 어떻게 적용되는지를 살펴보고자 한다.

3.1. 영어 음절 무게와 강세

영어 강세는 음절의 무게와 매우 밀접한 관련이 있다. 다시 말해 영어 강세는 소위 무거운 중음절(heavy syllable)에만 나타나는 경향이 있다. 여기서 말하는 무거운 음절이란 무엇인가? 영어의 기본적인 음절 구조는 다음과 같다.

(3.2) 영어의 음절 구조

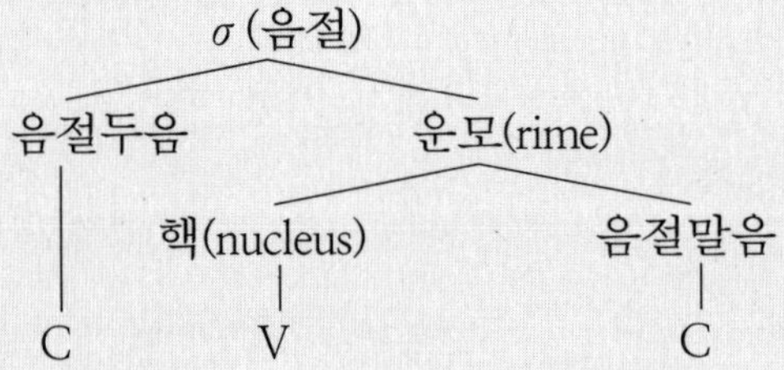

영어의 음절은 음절두음(onset)과 운모로 나누어지며, 운모는 다시 핵과 음절말음으로 나누어진다. 음절의 무게는 운모에 의해 결정되며 음절두음은 관여하지 않는다. 영어의 경우 핵이 이중모음(diphthong) 또는 장모음(V:)이거나, 음절말음이 존재하여 운모가 이분지(branch) 되는 경우 무거운 음절인 중음절로 분류된다. 영어의 경우 중음절인 경우 일단 강세가 위치할 가능성이 크기 때문에 음절을 중음절과 경음절로 분류하는 것은 강세 위치 예측에 필수적이다.

영어의 경우 우리말과 달리 음절두음과 음절말음에 자음이 셋까지 올 수 있다. 따라서 단어 첫머리에 오는 자음군(consonant cluster)은 첫 음절의 음절두음이 될 것이고, 단어 끝에 오는 자음군은 마지막 음절의 음절말음에 속할 것이다. 음절두음은 음절 무게에 영향을 주지 않기 때문에, 단어 중간에 자음이 여럿 있는 경우 이들의 분배는 음절의 무게를 따지는 데 매우 중요하다. 가령 예를 들어, extra [ɛkstrə]와 같은 단어에는 두 모음 사이에 네 개의 자음이 있다. 이 자음들은 앞, 뒤 모음이 사이좋게 둘씩 나누어 가졌으면 좋겠지만, 현실은 그렇지 못하다.

음절두음과 음절말음을 고려할 때, 우선 먼저 혜택을 받는 것은 음절두음이다. 이것을 음절두음최대원리(Maximal Onset Principle)라고 부른다. 따라서 두 번째 모음 [ə]의 음절두음을 먼저 채우고 나서 그 나머지가 앞 모음의 음절말음이 된다. 음절두음이 될 수 있느냐는 영어의 음운배열원리(phonotactics)에 의해 결정이 된다. 먼저 두 모음 사이의 네 자음 [kstr]을 [r]부터 차례대로 모음 [ə]의 음절두음이 될 수 있는지 검토해본다.

영어에 자음 [r]로 시작하는 단어는 많이 있기 때문에 [r]은 당연히 [ə]의 음절두음이 될 수 있다. 다음에는 [tr]을 본다. [tr]로 시작되는 단어도 가능하므로(train, tree, trade 등) [tr]도 두 번째 음절의 음절두음이 될 것이다. 다음으로 세 자음 [str]로 시작하는 영어 단어 또한 영어에서 가능하다(street, strange, string 등). 따라서 세 자음 [str]은 모두 두 번째 음절의 음절두음이 될 것이다.

마지막으로 네 자음 모두를 생각해보자. 그런데, 영어의 음절두음에 올 수 있는 최대 자음 수는 세 개다. 즉, 네 개의 연속된 자음으로 시작하는 영어 단어는 없다는 것이다. 따라서 extra의 네 자음은 1-3으로 나누어져 각각의 음절에 속하게 된다. 일반적으로 음절 경계를 나타내는 마침표를 사용하여 표시하면 [ɛk.strə]가 된다.

음절 경계의 위치는 음절의 무게를 결정하는 중요한 요인이 된다. 음절 무게는 강세의 위치와 밀접한 관련이 있으므로 결국 음절 경계의 위치가 어디에 정해지는가에 따라 강세 위치도 영향을 받게 된다. 다음 단어들의 강세 위치를 생각해보자(Kreidler, 1989: 205).

(3.3) álgebra, díscipline, éloquence, íntegral

위 단어들은 모두 끝에서 세 번째 음절(antepenult)에 강세 오는 명사들이다. 명사의 강세는 '끝에서 두 번째 음절이 중음절이면 그 곳에 강세가 있고, 그렇지 않으면 그 앞의 음절에 강세가 온다'는 명사 강세 규칙에 의해 설명할 수 있다. 문제는 끝에서 두 번째 음절을 어떻게 간주하느냐 하는 것이다. 위 단어에서 끝에서 두 번째 모음은 뒤에 두 자음(-br-, -pl-, -kw-, -gr-)이 따라오고 있다. 두 자음 중에서 한 자음이라도 두 번째 모음의 음절말음으로 간주되면, 이 음절이 중음절이 되므로 강세는 끝에서 두 번째 음절에 있어야 한다. 그러나 (3.3)의 자료들의 강세는 모두 끝에서 세 번째 음절에 있다. 이 사실은 끝에서 두 번째 음절이 음절말음이 없는 경음절임을 말해주는 것이다. 이것은 연속된 두 자음 -br-, -pl-, -kw-, -gr-이 모두 마지막 모음의 음절두음이 됨을 보여준다. 이 자음군들은 모두 영어 단어의 처음 부분에서 발생 가능한 연속이므로 음절두음최대원리에 따라 자연스럽게 마지막 음절의 음절두음이 된다.

3.2. 한국어와 영어의 음절 구조

음절두음과 음절 말음에 자음이 세 개까지 올 수 있는 영어와는 달리 한국어는 하나의 자음만을 음절두음과 음절말음으로 허용한다. 따라서 그 이상의 자음이 있을 경우에는 반드시 하나가 삭제된다. 예를 들어, '읽(다)' '삶'과 같은 단어 다음에 모음이 오면 '읽어요', '삶이'처럼 모든 자음이 발음되지만, '읽다가' '삶도'처럼 자음이 따라 나오는 경우는 [익따가 또는 일따가], [삼도]로 자음 하나를 빼고 발음한다.

이러한 한국말의 음절구조는 영어 발음의 습득에도 부정적인 영향을 행사한다. 특히 음절두음과 음절말음에서 둘 이상의 자음이 나타날 때 자음 하나를 삭제했던 한국어의 경우와는 달리 영어 단어의 경우는 모음 [으]를 더해 음절을 하나 더 만든다. 그런데 이것은 영어 강세와 관련하여 매우 혼란스러운 결과를 초래한다. 그것은 단음절인 영어 단어에서 아주 분명하게 드러난다. 사실 단음절 영어 단어는 위에서도 언급했듯이 영어 강세 자료로 쓰일 수 없다. 그 이유는 물론 음절이 하나이기 때문이다. 강세란 상대적인 개념이므로 두 개 이상의 음절이 존재하는 경우에만 논할 수 있는 것이다.

문제는 단음절 영어 단어를 많은 한국 사람들이 다음절 단어로 인식하고 발음한다는 사실이다. 그것은 물론 음절 구조의 차이 때문에 그런 것인데, 단음절 단어를 심하게는 다섯 음절로 발음하는 경우도 있다. 이러한 예는 우리가 흔히 우리말에서 사용하는 다음과 같은 외래어에서 쉽게 찾을 수 있다.

(3.4) a. cup 컵, pen 펜, pin 핀, team 팀

b. bus 버스, card 카드, cheese, 치즈, cream 크림, sign 싸인, star 스타

c. cake 케이크, ice 아이스, sports 스포츠

d. skate 스케이트, blouse 블라우스

e. strike 스트라이크, straight 스트레이트

위에서 제시된 영어 단어들은 모두 음절이 하나인 단음절 단어들이다. 따라서 영어로 이해할 때는 강세의 위치가 전혀 문제가 되지 않는다. 그러나 이것을 우리말처럼 발음할 때는 문제가 된다. 이 많은 음절 중에서 어느 음절에 강세를 주어 발음할지를 알지 못하기 때문이다.

여기서 우리가 사용할 수 있는 원칙은 두 가지이다. 하나는 모음 [으]가 영어에는 없다는 사실이다. 따라서 우리가 [으]로 인식하고 발음하는 모든 음절에는 강세가 붙지 않는다. 또 하나는 이중모음의 경우인데 이때는 우리말에서 [이]나 [우]로 인식되는 발음에 강세가 오지 않는다는 사실을 적용하면 된다. 예를 들어, '아이스'나 '블라우스'의 경우 [이]나 [우], 그리고 [으]를 제외하면 나머지 [아] 발음이 강하게 발음되어야 함을 알 수 있다.

3.3. 영어 품사와 강세

영어의 품사가 강세의 위치와 관련이 있다는 사실은 이미 오래전부터 알려져 있었다. 우리가 익히 들었던 '명전동후(名前動後)'가 바로 그것을 말해 준다. 명사의 경우 강세가 앞부분에 있고, 동사의 경우

강세가 뒤에 있다는 뜻이다. 원래 이것은 명사와 동사로 같이 쓰이는 영어 단어 중에서 명사로 쓰이는 경우와 동사로 쓰이는 경우, 강세 위치의 차이만으로 구별이 되는 다음의 예들을 지칭하기 위해 사용되었었다.

(3.5)

Noun	Verb
súrvey	survéy
tórment	tormént
prótest	protést
dígest	digést
prógress	progréss
cónvict	convíct

이와 같이 하나의 어휘가 강세위치에 의해 그 품사가 바뀌는 경우를 설명하기 위해 '명전동후'란 용어는 만들어졌다. 그렇다면 이 용어는 반드시 이들의 예에만 적용되는 것인가? 그렇지 않다.

앞 장에서 소개한 명사와 동사의 강세 규칙은 다음과 같이 음절 하나의 차이를 보인다.

(3.6) a. 명사 강세 규칙
끝에서 두 번째 음절이 중음절이면 그 음절에 강세가 있고, 그렇지 않으면 그 앞의 음절에 강세가 온다.

b. 동사 강세 규칙
마지막 음절이 중음절이면 그 음절에 강세가 있고, 그렇지 않으면 그 앞의 끝에서 두 번째 음절에 강세가 온다.

이 둘의 차이는 명사의 경우 동사보다 한 음절 앞에 강세가 있다는 것이다. 즉, 명사의 강세가 동사의 강세보다 앞쪽에서 발생한다는 것이다. 두 음절(disyllabic) 단어인 경우 당연히 명사의 강세는 첫 음절에 있고, 동사의 강세는 마지막 음절에 있게 되는 것이다. 실제로는 어떠한지 기본어휘에 소개된 두 음절 단어들을 조사해 보았다. 먼저 A로 시작되는 어휘들을 조사해본 결과, '명전동후'는 신기할 정도로 잘 맞아 떨어졌다. 다음은 기본어휘에 포함되는 어휘 중에서 두 음절의 명사, 동사들이다.

(3.7) a. 명사

áccent	ángel	ánger	ángle,
ánkle	ánswer	ápple	área,
ármy	áspect	áuthor	áutumn (12개)

b. 동사

absórb	accépt	accúse	achíeve
admíre	admít	adópt	afféct
agrée	allów	amáze	amúse
annóunce	annóy	appéal	appéar
applý	appóint	appróach	appróve
arránge	arríve	assígn	assíst
assúme	attách	attáck	atténd
attráct	avóid		(30개)

그럼 반대로 명사이면서 강세가 뒤에 오는 어휘는 없을까? 또 동사이면서 강세가 앞에 오는 경우는 어떠할까? 일단 A로 시작하는 두 음절 동사 중에서 강세가 첫 음절에 오는 예는 árgue 하나밖에 없

었다. 명사의 경우 마지막 음절인 두 번째 음절에 강세가 오는 단어만 없다면 우리는 '명전동후'를 규칙으로 승격시켜도 될 것이다. 그러나 예외 없는 규칙이 없듯이, 여기에 다음과 같은 세 예외가 발견되었다.

(3.8) affáir, alárm, attémpt

그러나 alarm, attempt는 모두 동사로도 사용되는 어휘들이므로 엄격한 의미에서 예외는 affair 하나라고 보아도 좋을 것이다. 이 결과에 격려되어 기본어휘의 모든 두 음절 어휘들의 품사와 강세 위치를 조사해보았다. 그 결과는 다음과 같다.

(3.8)

	명 사		동 사	
강세 유형	강 약	약 강	강 약	약 강
어휘 수	367	23	35	166
백분율	94%	6%	17%	83%

명사의 경우는 놀랍게도 94%에 해당하는 단어들이 앞 음절에 강세가 있었다. 반면 동사의 경우는 그보다는 떨어지지만 83%에 해당하는 동사들이 [약강]격으로 끝 음절에 강세를 갖고 있었다. 이 사실은 우리가 한 어휘의 품사 차이를 설명하기 위해 사용했던 '명전동후'가 (적어도 두 음절 단어에서는) 규칙으로 사용할 수 있을 정도로 높은 빈도수를 나타냄을 알 수 있다.

우리는 영어의 과거형이나 복수형을 만들 때 예외적인 어휘들을 설명하기 위해 불규칙이란 말을 사용한다. 영어의 과거형을 만드는 규칙은 동사 뒤에 -ed를 붙이는 것이다. 물론 많은 불규칙형은 사전의 뒤 부분 어딘가에 나열되어 있고, 암기를 통해 습득해야 한다. 명사의 복수형도 마찬가지로 단어 끝에 -(e)s를 붙여 만들어진다. 동사와 마찬가지로 불규칙형은 별도로 암기해야 하며, 사전에는 각 어휘의 발음 바로 뒷부분에 괄호 안에 불규칙 복수형을 표시하여 주고 있다. 마찬가지로 영어의 강세 또한 '명전동후'를 규칙으로 하고 예외적인 어휘들은 다음과 같이 명시해 주면 될 것이다.

(3.10) a. [약강]격의 명사

affáir	alárm	attémpt	balóon
caréer	cartóon	cassétt	degrée
desíre	dessért	diséase	efféct
evént	exám	guitár	machíne
muséum	políce	purpóse	resóurce
shampóo	todáy	toníght	

b. [강약]격의 동사

árgue	bórrow	bóther	róadcast
búry	cáncel	cárry	énter
fásten	fínish	fóllow	fórecast
fríghten	gáther	góvern	háppen
húrry	ínjure	lísten	mánage
márry	mémtion	ópen	púnish
púrchase	scátter	súffer	swállow
trável	váry	vísit	wánder
whísper	wónder	wórry	

품사의 전이가 매우 자유로운 영어의 특성상 위 단어들도 다른 품사로 전이되어 사용될 가능성은 매우 크다. 특히 거의 모든 단어를 동사로 사용하는 모국어화자들의 예에서 알 수 있듯이 위의 명사들은 언제든지 동사로 사용될 수 있고, 이미 동사의 의미로 사전에 수록되어 있는 경우도 많이 있다. 강세의 입장에서 본다면, 위의 단어들은 이미 동사의 강세 유형을 그대로 유지하고 있으므로 모국어화자들에 의해 동사로 사용될 가능성이 더욱 더 크다고 할 수 있다. 예를 들어, effect는 흔히 명사로 사용되지만 이미 동사로도 자주 사용되어 사전에도 올라 있다.

영어의 단어는 80% 이상이 외래어라고 할 정도로 외국어의 어휘를 많이 받아들였다. 지금도 영어는 외국어에 대해 거부감을 느끼기보다는 자신들이 필요하다고 생각하면 언제든지 차용하여 영어 단어로 만들고 있다. 한국어의 음식 이름인 '김치,' '불고기'가 그들의 사전에 올라가 있는 것을 보아도 영어는 외국어에 대해 매우 개방적인 것을 알 수 있다.

이러한 이유로 해서 원래 고대영어로부터 내려온 단어들은 규칙성을 지키는 경향이 있으나, 외국어에서 들어온 단어들은 규칙의 예외로 많이 남는다. 예를 들어, machine, police처럼 프랑스어에서 들어온 많은 명사들의 강세는 프랑스어를 따라 단어 끝 음절에 있다. 이러한 단어처럼 사용 빈도수가 높은 단어들은 자신의 강세 위치를 그대로 보존할 가능성이 커 계속 강세 규칙의 예외로 남을 것이다. 반면 사용 빈도수가 낮은 단어들은 언젠가는 규칙의 적용을 받게 될 가능성이 크다.

3.4. 음보의 구조

음운론에서는 통사구조와는 또 다른 음성 언어 중심의 음운 구조가 존재한다고 생각한다. 음운 구조의 맨 아래에는 음운 자질(feature)이 있고, 이 음운 자질은 다음과 같은 단계를 거쳐 발화(utterance)에 이르게 된다.

(3.11) 음운 구조

발화(Utterance)
억양구(Intonational Phrase)
음운구(Phonological Phrase)
음운단어(Phonological Word)
음보(Foot)
음절(Syllable)
모라(Mora)
음소(Phoneme)
자질(Feature)

모든 음운 단위를 갖고 있는지는 언어마다 차이가 있고, 한 언어에 대해서도 학자마다 견해가 다르다. 그러나 이 단위들의 위계는 엄격하여 중간 단위를 뛰어넘어 그 위 단계로 편입되는 것을 음운학자들은 경계하였다. 각각의 단위는 나름대로의 존재 이유와 그 언어에서의 중요한 의미를 갖는다. 예를 들어, 음보는 영어에서 음절과 음운단어를 연결하는 중간 단위의 역할만 하는 것은 아니다.

영어에서 음보는 리듬을 형성하는 매우 중요한 역할을 한다. 영어의 강세는 한 음보에 하나씩 존재한다. 즉, 음보의 수가 바로 강세의 수가 되는 것이다. 한 음절의 단어는 그 음절에 강세가 있다고 보아 한 음절이 바로 하나의 음보를 형성한다고 생각할 수 있으나, 실제 사용에 있어서는 다른 단어와 결합되어 음보를 형성하게 된다. 예를 들어, room은 한 음절의 단어이지만 실제 사용의 경우 이 단어만을 쓰는 경우는 거의 없다. 적어도 앞에 관사가 붙여 the(또는 a) room처럼 명사구가 되어 사용된다. 이때 기능어(function word)인 관사에는 강세가 오지 않으므로 [약강]격의 음보가 형성되는 것이다.

두 음절 이상인 경우에는 한 단어만으로도 음보를 형성할 수 있다. 두 음절 중에서 한 음절에 강세가 오면 그 두 음절은 하나의 음보를 형성하게 된다. 그 가능성은 [강약]격이거나 [약강]격인데 위에서 보았듯이 명사는 [강약]격이 일반적이고 동사의 경우는 [약강]격이 일반 적임을 알 수 있다. 앞 장에서 살펴본 강세 이론에서는 두 음절 음보(binary feet)를 기준으로 하여 분석하였다. 그러나 전통적인 운율에서 발견되는 음보는 둘, 또는 세 음절로 구성되어 있음을 볼 수 있다.

세 음절인 경우에는 강세가 하나 있는 경우와 둘 있는 경우로 나누어서 생각할 수 있다. 강세가 하나 있다는 것은 물론 음보가 하나 존재한다는 것이다. 세 음절 중 강세가 가운데 음절에 위치하는 [약강약]의 경우, 강세를 중심으로 하나의 음보가 형성될 수밖에 없다.

강세가 둘 있다는 것은 제1강세와 제2강세가 같이 존재하는 상황이며, 이때 음보는 각각의 강세를 중심으로 생각할 수 있다. 이론상으로 강세 추돌에 의해 강세가 있는 음절이 인접하는 것은 바람직하지 않으므로 [강약약] 또는 [약약강]의 세 음절 단어에서 강세 음절에서 인접하지 않은 [강약약]의 마지막 음절이나 [약약강]의 첫 음절이 제2강세를 가질 수 있다. 이때 우리는 두 개의 음보를 가정해야 할 것이다.

음절이 넷 이상일 때 제1강세의 위치에 따라 제2강세와 음보의 구조도 형성된다. 이론상으로 그 가능성을 따져보면 제1강세가 첫 음절에 오는 [강약약약] 구조에서 세 번째 음절이 제2강세를 소유하여 두 개의 음보를 형성할 수 있을 것이다. 또 다른 가능성은 앞 세 음절이 하나의 음보를 형성하는 방법이다. 음절 중의 하나가 약화되어 세 음절로 줄어 발음되는 경우 이런 분석이 가능하다(예, él'vator, néc'ssary, cér'mony).

제1강세가 두 번째 음절에 오는 [약강약약]격에서는 마지막 음절에 제2강세를 주면 [약강]격의 두 음보를 형성할 수 있다. 그러나 전통적으로 한 음보가 세 음절까지 수용할 수 있다면 굳이 또 다른 음보를 형성할 가능성은 적다고 할 수 있다. 이것은 리듬 구조와 밀접한 관계가 있으므로 자세한 논의는 리듬 구조 편으로 미루고자 한다.

세 번째 음절에 제1강세가 오는 경우 리듬 구조상 반드시 첫 음절에 제2강세가 와서 두 개의 음보를 형성하게 된다. 즉 [강약**강**약](ˋ ˘ ˊ ˘) 구조가 생성된다. 네 음절의 단어에서 마지막 음절에 강세가 오는 단어는 거의 없다. 그 이유는 리듬 구조와 관련되므로 자세한 논의는 다음에서 하겠지만, [약강]격의 두 음보를 생성하게 되는 결과는 음보 구조의 측면에서도 매우 바람직하지 않은 것이기 때문이다. 위에서 보았듯이 영어 음보의 기본 구조는 [강약]격이기 때문에 어쩔 수 없는 상황에서 [약강]격의 음보를 하나쯤 생성하는 것은 용인할 수 있겠지만 둘은 도저히 허용할 수 없기 때문이다.

3.5. 강세와 영어 단어 구조

중·고등학교 때 배운 몇 안 되는 영어 강세에 관한 규칙 중에 기억나는 것으로 -ity나 -tion, -ic로 끝나는 단어들의 경우 바로 그 앞 음절에 강세가 온다'는 것이 있다. 이 말은 영어 단어의 구조 또한 영어 강세의 위치와 매우 밀접한 관련이 있음을 말해준다. 즉, 접미사는 어간의 강세 위치에 대한 영향력에 따라 두 종류로 나눌 수 있다는 것이다.

어휘음운론(lexical phonology)의 틀에서는 앞에서 언급한 -ity, -ic, -tion처럼 어간의 강세의 위치에 영향을 행사하는 접미사를 비중립적(non-neutral) 접미사라 하여 제1층에 두고, -less, -ness, -ly처럼 어간의 발음이나 강세 위치에 아무런 영향력을 갖고 있지 못한 접미사들을 중립적(neutral) 접미사로 분류하여 제2층에 할당한다.

제2층에 위치하는 중립적 접미사는 어간의 발음에 전혀 영향을 주지 않기 때문에 없는 것처럼 간주하고 어간의 강세 위치만 생각하면 된다. 기본어휘에는 다음과 같은 중립적 접미사가 소개되어 있다.

(3.12) 중립적 접미사(고대영어에서 온 접미사들)

-ly	absolutely
-able	available, comfortable, noticeable, reliable, responsible
-ful	beautiful
-ify	classify, qualify
-ize	criticize, organize, realize, recognize
-or/-er	author, elevator, writer, quarter
-ship	relationship, friendship

영어를 배우는 입장에서 보다 중요한 것은 접미사 때문에 어간의 발음과 강세 위치가 다르게 되는 경우이다. 예를 들어, Cánada는 첫 음절에 강세가 있지만, '캐나다 사람'을 의미하는 Canádian은 두 번째 음절에 강세가 있다. 물론 강세 위치의 변화와 함께 모음의 발음도 바뀌게 된다([kǽnədə] → [kənéidiən]). 따라서 다음의 비중립적 접미사가 첨가된 단어들은 어간과 별도로 정확한 발음을 알고 있어야 한다. 다행인 것은 이 접미사의 바로 앞 음절에 강세가 온다는 사실이다.

(3.13) 비중립적 접미사(라틴어에서 유래된 접미사들)

-ity	abílity, authórity, commúnity, idéntity, opportúnity, univérsity
-ic	académic, Olýmpic, romántic
-tion	dictátion, foundátion, generátion, instrúction, occupátion, situátion
-ial	commércial, fináncial

이 중에서 -tion과 -ial은 -iV로 보다 일반화시켜 적용할 수 있다. 즉, 단어 끝 부분에 [-i+모음]이 있는 모든 단어의 경우 그 앞 음절에 강세가 오게 된다. 이 규칙의 적용을 받는 단어는 기본 어휘에서만도 다음과 같이 많이 발견된다.

(3.14) -iV-를 포함하는 어휘

-ial	artifícial, commércial, fináncial, matérial, offícial, sócial, spécial
-iate	appréciate, apprópriate, assóciate
-iasm	enthúsiasm
-iar	famíliar
-ion	chámpion, méntion, míllion, occásion, ónion, opínion, région, relígion, séction, situátion, státion, tradítion, transportátion, vacátion
-ious	ambítious, ánxious, cúrious, delícious, óbvious, précious, prévious, sérious
-ior	inférior, sénior, supérior
-ium	gymnásium, médium
-ially	espécially

자신의 앞 음절에 강세를 가져오는 (3.14)의 예들과는 달리 다음의 접미사들은 자기 스스로 강세를 갖고 있다. 따라서 다음의 접미사로 끝나는 어휘들은 모두 마지막 음절에 강세가 있다.

(3.15) 강세를 갖고 있는 접미사(Liberman and Prince, 1977: 305)

−íer, −éer	engineer, frontier, veneer, lavalier, chandelier
−óon	pantaloon, octaroon, tycoon, baboon, poltroon, cartoon
−íque	unique, antique, bezique, Mozambique
−óo	tatoo, kazoo, shampoo, bamboo, canoe
−íse	chemise, valise, experise
−áde	serenade, cascade, grenade, stockade, blockade
−étte	novelette, cigarette, vignette, corvette
−ée	deportee, adressee, trustee, absentee, Tenessee
−élle	bagatelle, moselle, villanelle
−áir	affair, corsair, debonair
−ché	cartouche, pastiche, brioche, panache
−ésce	acquiesce, recrudesce, incandesce, effervesce
−áne	mundane, transpadane, ultramontane, chicane
−ár	guitar, bizarre, cigar, bazaar
−éau	flambeau, tableau, chateau, portmanteau
−ésque	picturesque, grotesque, statuesque, romanesque

(3.15)의 어휘들은 대부분이 단어 끝에 강세가 오는 프랑스어에서 유래된 어휘들이다. 이렇게 강세를 갖고 있는 접미사와는 달리 다음의 어미에는 강세가 오는 법이 없기 때문에 약어미(weak ending)라고 불리었다(Kreidler, 1989: 205).

(3.16) 약어미(Weak endings)

−a	míca, aróma, enígma, cínema
−ance/−ence	híndrance, relúctance, évidence
−is	thésis, neurósis, synópsis, émphasis
−on	nýlon, skéleton
−um	fúlcrum, plátinum
−us	círcus, hiátus

이와 같이 강세와 관련이 있는 접사들은 우리가 단어의 강세 위치를 가늠해 보는 데 많은 도움을 주고 있다. 이외에도 다음과 같은 발음(또는 철자)과 강세의 관련성을 찾을 수 있다.

(3.17) a. 철자 −Cy로 끝나는 음절에는 강세가 오지 않는다.
b. 모음 [ə]으로 발음되는 음절에는 강세가 오지 않는다.
c. 성절자음(syllabic consonant)을 포함한 음절에는 강세가 없다.

영어에는 −Cy로 끝나는 단어들이 많이 있다. 철자는 −y이지만 발음상으로는 전설고모음 [i]로 발음되기 때문에 하나의 음절을 형성할 수 있다. 그러나 이때 강세는 절대로 이 음절에 나타나는 경우가 없다. 이것을 설명하기 위해 기저형을 /y/로 놓고 나중에 [i]로 무조건 바꾸는 모음화(vocalization) 규칙을 가정한 분석도 있었다(Jensen, 1993).

우리에게 중요한 것은 −Cy로 끝나는 음절에는 강세가 없다는 점이다. 그 결과 −Cy로 끝나는 두 음절 단어인 happy, hobby, hungry, sorry, worry, vary, carry, thirsty 같은 단어에는 앞 음절에 강세가 있음을 알 수 있다. 나아가서 salary, summary, sympathy와 같이 세 음절 단어이지만 마지막 음절은 고려할 필요가 없으니 앞의 두 음절만 강세가 올 수 있는 후보지로 생각하면 된다. 여기서 두 번째 음절은 모두 [ə]로 발음되므로 (3.17) b에 의해 강세가 오지 않으므로 첫 번째 음절에 강세가 오는 [강약약]의 강세 구조를 갖고 있음을 쉽게 알 수 있다.

영어에서 강세가 없는 음절은 많은 경우 [ə]로 발음된다. 따라서 발음을 해 보아 [ə]로 발음되는 음절에는 강세가 없음을 알 수 있다. 철자상으로는 Canada와 banana의 강세 위치 차이를 구분하기 어렵지만 두 발음 [kǽnədə]와 [bənǽnə]을 비교하면 강세 위치를 바로 알 수 있다. Canada의 경우 뒤 두 음절이 [ə]로 발음됨으로 강세는 첫 음절에 올 수밖에 없다. 반면 banana는 첫 음절과 마지막 음절이 [ə]로 발음된다. 따라서 강세는 가운데 음절에 있다.

[ə]로 발음되기 때문에 강세가 없는 것인지, 아니면 강세가 없기 때문에 [ə]로 발음되는 것인지는, '닭이 먼저냐, 알이 먼저냐'는 질문만큼 대답하기 어려운 점이 있다. 그러나 중요한 것은 둘의 밀접한 관계이다. 따라서 우리는 발음만 알아도 강세의 위치를 추론할 수 있고, 강세의 위치를 알면 모음의 발음을 어느 정도는 추측할 수 있다.

(3.17)c 또한 [ə] 발음과 밀접한 관련이 있다. [ə] 발음은 영어를 빨리 발음할 때(우리에게는 빠르게 들리나 모국어화자들에게는 정상속도임), 많이 생략된다. 이 모음이 발음되지 않음으로써 어중음소실(syncope), 어말음소실(apocope)처럼 음절 자체가 소실되는 경우가 있고 또는 뒤에 오는 자음이 음절의 핵의 역할을 하여 음절을 구성하는 경우가 발생한다. 후자가 성절자음이 발생되는 이유이다.

성절자음 원래 성절자음은 공명음 [l, r, m, n, ŋ]이 단어 끝 부분에서 강세가 없이 빨리 발음될 때, 음절의 핵인 [ə]가 발음되지 못하므로 대신 음절의 핵의 역할을 하여 음절을 구성하는 과정에서 붙여진 이름이다. 따라서 강세가 오지 않는 것은 당연하다. 강세가 오는 음절은 강하고, 길게 발음되므로 당연히 소실될 가능성이 없다. 따라서 어말에서 성절자음이 나타나는 다음의 경우에는 그 앞의 음절 어딘가에 강세가 있음을 알 수 있다.

(3.18)	áble	ángel	ánger	ápple
	bárber	báttle	bóttle	búbble
	bóttom	bútton	cándle	cápital
	cértain	chícken	cítizen	círcle
	crédible	cóuple	dévil	dóuble
	éagle	enáble	énter	éver
	fáble	fríghten	géntle	háppen
	hárbor	horízon	hórrible	hóspital
	ídle	ínterval	júngle	lábel
	lésson	lével	lócal	médical
	míssile	módel	múscle	néedle
	nóodle	númber	ópen	óven
	párcel	párdon	péncil	péople
	pércent	pérson	phýsical	póssible
	présent	prínciple	príson	púrple
	réason	rúbber	séason	símple
	síngle	sóccer	táble	témple
	térrible	títle	trável	túnnel
	túrtle	týpical	úncle	véhicle
	vértical	wínter		

이상은 기본어휘에서 쉽게 발견되는 것을 적어본 것이다. 이외에도 더 있지만 지면 관계상 다 옮기지는 않았다. 이 예들만 보더라도 성절자음은 영어에서 매우 흔한 음운과정임을 알 수 있다. 성절자음을 포함하는 음절에 강세가 오지 않는다는 사실만으로도 우리는 강세에 관한 많은 것을 얻을 수 있다.

3.6. 영어 강세의 뿌리

영어강세가 규칙성이 없이 불규칙적으로 보이는 이유는 영어의 역사에서 찾을 수 있다. 우리가 강세 규칙으로 소개한 SPE의 강세 규칙은 사실 라틴어의 강세 규칙이다. 라틴어의 경우 이음절 단어는 앞 음절에 강세가 있고, 세 음절 이상의 단어에서는 끝에서 두 번째 음절이 중음절이면 그곳에, 경음절이면 그 앞의 끝에서 세 번째 음절에 강세가 온다. 이것은 영어의 명사 강세 규칙과 동일하다. 그러나 영어는 라틴어에서 유래되지 않았다. 따라서 이 규칙을 영어의 원래 강세 규칙이라 할 수는 없을 것이다.

처음 영어가 앵글로색슨족에 의해 고대영어로 탄생되었을 때 영어의 강세는 모두 첫 음절에 있었다. 다만 접두어는 강세를 갖고 있지 않아서 접두어를 포함하는 단어의 경우는 접두어를 제외한 어간의 첫 음절에 강세를 두었다. 이러한 영어 강세 유형은 후에 라틴어 강세 규칙이 들어온 뒤에도 영향을 받지 않고 지금까지도 w**a**ter, h**o**pefulness, beg**i**n처럼 고대영어에서 내려온 순수 영어 어휘에서 발견된다(Dresher and Lahiri, 2003).

고대영어는 여러 가지 면에서 현재의 영어와 차이가 난다. 그중 가장 많이 거론되는 것은 물론 어순이다. 당시 영어 어순은 지금의

[주어+동사+목적어]의 SVO가 아니라 현재의 한국어나 일본어처럼 [주어+목적어+동사]의 SOV의 어순을 갖고 있었다. 당시 영어는 지금의 독일어나 프랑스어처럼 격변화가 매우 심한 언어였다. 그러다 중기영어를 거치면서 많은 굴절현상이 없어지거나 단순해져서 지금은 독일어나 프랑스어와는 비교할 수 없을 정도의 단순한 언어가 되었다. 강세도 마찬가지다. 본래 고대영어는 어간의 첫 음절에 주강세가 주어지고 제2강세가 있는 경우 앞에서 뒤로(즉, 왼쪽에서 오른쪽으로) 훑어가면서 주어졌으나 중기영어 이후에는 라틴어의 영향으로 지금과 같이 단어 끝에서 앞쪽으로(오른쪽에서 왼쪽으로) 훑어가는 형태로 바뀌었다.

마지막으로 현재의 영어강세에 큰 영향을 준 언어는 프랑스어이다. 프랑스어는 슈와로 끝나는 경우를 제외하고는 예외 없이 마지막 음절에 강세가 온다. 제2장에서 강세규칙의 예외로 소개된 machine (1540s), police(1530), career(1530), regime(1792) 등과 강세를 갖고 있는 (3.15)의 접미사들이 모두 프랑스어의 강세 유형을 그대로 갖고 있는 프랑스어에서 들어온 어휘들이다.

현대영어의 어휘는 80% 이상이 외국어에서 들어온 어휘라고 할 정도로 원래 고대영어에서 내려온 어휘는 그 수가 매우 적다. 그러나 우리가 매우 자주 쓰는 일상적인 영어표현에서 토종(native) 영어표현을 많이 발견할 수 있는데 그것은 그 사용빈도가 높기 때문에 외래어로 대체되지 않고 계속 사용된 까닭이다. 예를 들어, 소위 불규칙동사인 come, go, eat, see, sing 등이 모두 토종 영어표현이다. 프랑스어나 라틴어 어휘는 보다 전문적이고 학술적인 용어에서 많이 발견된다. 이렇게 다양한 영어 어휘만큼이나 영어강세규칙도 복잡할 수밖에 없는 이유이다.

이 장에서 우리는 앞 장에서 살펴 본 영어 강세 이론에서 찾을 수 있는 강세의 본질에 대해 알아보았다. 영어 강세 현상 전체를 설명한다는 것은 모든 영어 단어의 어원만큼이나 매우 방대하고 어쩌면 평생 불가능한 일인지도 모른다. 그러한 까닭에 영어 자체에는 아무런 변화가 없는데, 영어 강세라는 똑같은 현상을 설명하는 이론은 끊임없이 비판받고 새로 제안되는지도 모른다. 영어를 외국어로서 배우는 우리의 입장에서는 이렇게 어려운 이론 자체를 모두 배울 필요는 없을 것이다. 또 잘못하다가는 목적과 수단이 뒤바뀌는 오류를 범할 수도 있다. 보다 중요한 것은 영어 강세의 본질을 이해하는 것일 것이다.

실제 간단한 대화를 구사하기 위한 외국어로서의 영어를 학습하는 데 필요한 어휘는 그렇게 많지도 복잡하지도 않다. 따라서 어떤 예외적인 현상을 설명하기 위한 장치보다는 영어 강세의 기본적인 원칙 몇 가지만 알더라도 크게 도움을 받을 수 있다. 그런 이유로 우리는 교육부에서 지정한 2067개의 기본 어휘를 대상으로 우리가 활용할 수 있는 다음과 같은 영어 강세 규칙들을 정리하고 차례대로 살펴보았다.

(3.19) (=3.1)

a. 영어의 단어 강세는 음절의 무게와 밀접한 관련이 있다. (quantity-sensitive)

b. 강세의 위치는 영어 단어의 끝에서부터 앞으로 따진다 (R→L).

c. 영어 강세 규칙은 단어의 품사와 관련이 있다.

d. 강세는 영어 리듬을 형성하는 기본 단위인 음보(foot)를 형성한다.

e. 음보의 기본 단위는 [강약]격이다.

f. 영어 강세는 단어 구조와 밀접한 관련이 있다.

g. 많은 예외가 있다.

이들을 중심으로 영어 강세 학습과 관련하여 도움을 얻을 수 있는 다음과 같은 사실들을 발견할 수 있었다.

(3.20) a. 명사는 앞쪽에 동사는 뒤쪽에 강세를 갖는 경향이 있다. '명전동후'

b. 영어 음절은 중음절과 경음절로 분류되면 중음절은 장모음(V:), 이중모음, 음절말음을 포함한 음절(VC)이다.

c. 영어 강세는 중음절에만 나타나는 경향이 있다.

d. 영어 강세는 앞뒤의 강세 없는 음절과 함께 음보를 형성한다.

e. 영어 접미사는 강세와 관련한 특성에 따라 다음과 같이 분류된다.

1. 강세를 갖고 있는 접미사(3.15 참조)
2. 앞 음절에 강세가 오는 접미사(3.13, 3.14 참조)
3. 강세와 무관한 접미사(3.15 참조)

영어 강세는 리듬 구조를 생성한다. 다음 장에서는 이 리듬 구조와 연관지어 강세 현상을 분석할 것이다.

제4장

강세와 리듬

우리는 '영어는 리듬이다'라는 말을 자주 듣는다. 그렇지만 과연 리듬이 무엇인지, 어떻게 영어가 리듬과 관련이 있는지, 등등의 보다 구체적인 질문에 대해서는 깊이 생각하지 않았었다. 막연히 영어는 리듬이 있어서, 영어를 말할 때나 영어를 들을 때 영어의 리듬을 알아야 한다고 생각했었다. 많은 사람들이 정말로 영어를 잘하려면 이 리듬감을 익혀야 한다고 주장하였지만 이 리듬이 무엇인지에 대해서 자세하게 설명해 주는 경우는 거의 없었다. '영어는 리듬이다'라는 주장이 사실인지 어떤지를 알기 위해서도 우리는 먼저 리듬이 무엇인지를 알아야 할 것이다.

리듬에 대한 가장 쉬운 설명은 음악에서 찾을 수 있다. 음악은 우리가 매일 접하고 있고, 시간이나 박자의 개념이 가장 용이하게 드러나는 부분이다. 언어에서 리듬이 가장 잘 드러나는 장르는 시나 동요와 같은 운문이다. Oehrle(1989)는 영시와 영어 동요에 나타나는 운문의 리듬 구조를 분석하고 있다. 이 장에서 우리는 Oehrle의 주장을 토대로 영어 강세에 나타나는 리듬구조를 예측하고, 이 예측되는 상황을 기본어휘에 비추어 분석해 보고자 한다.

4.1. 리듬의 개념

리듬의 사전적 의미는 '소리나 동작의 주기적인 양식(a regular pattern of sounds or movements: MACMILLAN Dictionary)'이다. 이러한 주기적인 양식은 가장 흔하게는 음악에 나타나며, 우리가 악기를 익힐 때, 또는 손바닥으로 박자를 맞출 때 나타나는 것이다. 음악에서는 마디라는 단위 안에 박자의 개념으로 리듬이 내포되어 있다. 한 마디 안에 나타나는 박자는 2박자, 3박자, 4박자 등이 있으며, 리듬은 각각 [강-약], [강-약-약], [강-약-중강-약]의 주기적인 반복에 의해 나타난다.

리듬감이라는 것은 이러한 주기적인 양식을 감지할 수 있는 능력을 말한다. 즉 리듬감을 익혀야 한다는 것은 영어에 나타나는 어떠한 주기적인 양식을 익힘을 뜻한다. 이것은 물론 영어의 음성언어에 해당되며 문자언어에는 해당되지 않는다. 즉, 영어의 말소리가 리듬을 갖는다는 것은 주기적인 양식이 영어 발음에서 발견되며, 리듬감을 익힌다는 것은 이 주기적인 양식을 알고, 감지할 수 있어야 한다는 것이다.

영어의 리듬은 강세를 갖고 있는 강음절과 그렇지 못한 약음절이 주기적인 양식을 갖고 나타남으로써 형성된다. 강음절과 약음절은 같이 묶이어 음보를 형성한다. 따라서 이 음보를 음악의 한 마디로 간주할 수 있을 것이다. 물론 4박자(강-약-중강-약)의 경우는 두 개의 음보로 구성되어 있다고 보아야 할 것이다.

인간은 본능적으로 리듬감을 갖고 있다. 그것은 비단 음악에서 뿐만이 아닌 일상적인 생활 전반에 걸쳐 나타나고 있다. 또 이 리듬감은 반드시 청각에만 한정된 것도 아니다. 사물을 인지하는 인간의 능력은 한계를 갖고 있어서, 무한한 수의 사물이나 현상을 모두 다 인지할 수는 없다. 시공간적인 개념에 볼 때 시간의 개념은 무한하다. 우리는 이것을 년, 월, 일, 시라는 단위로 나눠서 사용하고 있다. 이러한 구분은 물론 인위적인 것은 아니며 지구가 해를 돌면서 나타나는 주기성과 달이 지구 주위를 돌면서 나타나는 주기성을 기준으로 하고 있다.

공간적인 인지에 있어서도 우리는 리듬이라는 개념을 도입하고 있다. 예를 들어, 기차를 타고 가다 보면 주기적으로 보이는 전봇대, 또는 산과 평야의 이어짐, 이 모든 현상들을 우리는 리듬의 시각적인 개념으로 인지한다. 청각적인 인지 또한 리듬을 포함하고 있다. 시계의 시침소리가 '똑딱, 똑딱'하고 인지가 되는 것도 리듬 때문이다. 조용한 야밤에 시계 소리를 가만히 들어보면, 같은 소리가 주기적으로 난다. 이것을 우리는 '똑(tick)'과 '딱(tock)'으로 구분하여 마치 2박자의 주기적인 리듬을 갖고 있는 것처럼 인지한다.

이러한 인지 능력은 인류 보편적인 것이며, 모든 인류가 사용하는 모든 언어에 반영되어 있다. 한국어의 경우 음절 수로 리듬을 형성한다. 한국의 대표적인 운문이라 할 수 있는 시조의 경우 3음절과 4음절을 번갈아 사용함으로써 리듬을 형성한다. 영어의 경우는 강음절과 약음절을 번갈아 사용함으로써 리듬을 형성한다. 따라서 한국어 시조의 경우 3음절과 4음절 영어의 음보에 해당한다고 볼 수 있다(김진우, 2003). 예를 들어, '오백년 도읍지를 필마로 돌아드니'에서 음절 수로는 [3-4-3-4]이며, [3-4]의 두 구가 한 음보를 형성한다고 볼 수 있다.

영어의 경우 [강약]의 두 음절이 가장 전형적인 음보를 형성한다. 즉, 강음절과 약음절이 서로 교차하여 나타나는 것이 가장 바람직한 형태라는 것이다. 그러나 실상은 바람직한 형태만 나타나는 것은 아니며, 사람의 인지 능력과 관련하여 여러 유형의 음보를 발견할 수 있다.

Oehrle(1989)는 '자연적인 시간주기(Measure)가 존재하며 주기는 박자를 기준으로 2, 3 또는 4의 더 짧은 주기로 나누어지고, 그중 하나의 박자는 다른 박자들에 대해 지배적인 위치를 갖는다'는 가정 아래, 위치(position)와 피치(pitch), 지속시간, 강세에 의한 두드러짐(탁립, prominence) 현상을 영시나 자장가 같은 운문을 자료로 하여 분석하였다.

Oehrle에 의하면 앞의 세 현상, 즉 위치와 피치, 지속시간에 의해 더 길거나, 높거나 한 박자는 오른쪽에 오는 덜 두드러지는 요소들을 지배(dominate)하지만, 강세는 양쪽의 요소를 다 지배할 수 있다는 것이다. 즉, 강세의 경우 하나의 강음절은 뒤에 오는 두 약음절을 지배할 수 있으며, 앞에 오는 약음절은 하나만 지배할 수 있다. 그런데 이 지배하는 영역은 시간주기의 길이에 따라 약간의 차이를 보인다. 시간주기가 긴 경우 강세의 두드러짐 현상은 다음과 같이 나타난다.

(4.1) 강세 두드러짐(Oehrle, 1989: 107)

* x_1 | x_2 (x1이 이 속도에서는 x2의 영역 밖에 있음)

? x_1 | x_2 x_3 (x1이 x2의 영역의 밖에 있을 가능성이 있음)

x_1 | x_2 x_3 x_4

(4.1)에서 마디의 경계를 나타내는 세로 선(|) 바로 다음의 음절 x_2가 강세를 갖는 강음절이다. 시간주기가 긴 경우에는 2음절의 경우 앞의 음절이 약음절로 나타나는 [약강]격은 없다는 것이다. 천천히 말할 때 앞 음절의 약 음절은 뒤 강음절의 지배 영역에서 벗어나게 된다는 것이다. 그러나 시간주기가 짧은 경우는 다음처럼 [약강]격이 가능하다.

(4.2) 강세 두드러짐(Oehrle, 1989: 108)

x | x
x | x x
*x | x x x (짧은 시간주기 안에 너무 많은 음절이 포함됨)

시간 주기가 짧은 경우 [약강]격과 [약강약]격은 가능하나 4음절인 [약강약약]격을 소화하기엔 시간주기가 너무 짧다는 것이다.

이러한 Oehrle의 주장은 영어 강세에 비추어 다음과 같은 예측을 가능하게 한다. 먼저 2음절의 단어는 [강약], [약강]격이 모두 가능하다. 단, 약강격은 시간주기가 짧을 때 가능하다. 강음절이 앞뒤의 약음절을 모두 지배할 수 있기 때문에 2음절의 경우는 강세가 어디에 오든 문제가 되지 않는다. 3음절 단어의 경우, [강약약]과 [약강약], [약약강]의 세 유형이 가능하나 Oehrle의 주장을 따르면 마지막 [약약강]은 가능하지 않다. 이 경우 강음절 앞에 두 음절이 오므로 맨 앞의 약음절은 강음절의 지배를 받지 못하게 된다. 4음절 단어의 경우 [강약약약], [약강약약], [약약강약], [약약약강]의 구조가 가능하나, 이 중에서 두 번째, [약강약약]만을 제외하고는 모두 바람직하지 못한 구조가 된다.

네 음절의 경우, [강약약약]의 경우는 세 번째 음절에 강세를 주어 두 개의 [강약] 음보로 만들 수 있다. 즉, 강세를 둘 주어서 두 개의 음보를 형성하면 된다. [약약강약]의 경우도 첫 음절을 강하게 발음하면 같은 음보 구조를 갖게 된다. 차이는 첫 번째 음절과 세 번째 음절 중, 어느 음절이 제1강세를 갖는가 하는 것이다. 마지막의 [약약약강]의 유형은 여러 변형 가능성이 있다. 하나는 첫 음절에 강세를 두어 [강약약강]을 만드는 것이다. 이론상으로는 가능하나 바람직하지는 않다. 그 이유는 [강약] [약강]격의 서로 다른 구조의 음보가 한 단어에 형성되기 때문이다. 또 다른 하나는 두 번째 음절에 강세를 두어 [약강] [약강]의 두 음보를 형성하는 것이다. 그러나 이것 또한 바람직하지 못한데 그 이유는 영어 음보의 기본 구조가 [강약]격이기 때문이다.

영어의 음보는 전통적으로 셋 이하의 음절로 구성되는 것으로 간주했었다. 그러나 생성음운론에서는 음보의 음절 수를 둘로 한정하여 이분지적 분석을 시도하였다. 이론상으로는 바람직할지 모르나 실제 운문에서 나타나는 음보는 다음의 예처럼 하나나 둘, 또는 세 음절로 구성되어 있다.

(4.3) 자장가(Oehrle, 1989: 108)

| Tom, | Tom, the | piper's | son,
| Stole a | pig, and a | way did | run.
| The | pig was | eat, and | Tom was | beat,
| And | Tom went | crying | down the | street.

이 자장가에서 세로선으로 경계가 표시된 음보는 1음절(Tom, son, run, The, beat, And, crying, street), 2음보(|Tom, the|, |piper's|, |Stole a|, |way did|, |pig was|, |eat, and|, |Tom was|, |Tom went|, |down the|), 3음절(|pig, and a|)로 구성되어 있다. 우리는 전통적인 방법을 따라 [강약]격의 두 음절로 구성된 음보를 가장 최적의 구성으로 간주하고 빠른 속도에서 [강약약]의 세 음절까지 하나의 음보를 형성하는 것으로 간주하고자 한다.

4.2. 리듬의 실제 적용

우리는 앞에서 리듬의 본질에 대해서 알아보았다. 리듬은 규칙적으로 동일한 양식이 반복적으로 나타나는 것을 의미한다. 영어 말소리에서 리듬은 강세의 규칙적인 존재로 나타난다. 즉 강음절과 약음절이 서로 교체하여 발생하는 것을 뜻한다. 이때 Oehrle의 주장을 따르면 강음절은 약음절을 지배하게 되는데, 그 지배 영역 안에는 앞쪽(또는 왼쪽)으로는 음절 하나를 뒤쪽(또는 오른쪽)으로는 음절 두 개까지를 포함하게 된다는 것이다. 여기서 우리는 이러한 기준에 비추어 기본어휘에서 보이는 강세 유형을 분석하고자 한다.

한 음절의 경우는 강세라는 것이 의미가 없기 때문에 분석의 대상이 되지 않는다. 다만 제2장에서 보았듯이 한국어 음절 조건을 적용하여 단음절 단어를 다음절 단어로 인식하거나 발음하는 일이 없도록 하여야 할 것이다. 2음절의 경우는 앞 장에서 보았듯이, '명전동후'라는 강세 규칙이 매우 충실히 적용되었다. 명사의 경우 [강약]격이 가장 흔하였고, 동사의 경우는 [약강]격이 보통이었다. 따라서 여기서의 분석은 3음절부터 시작하였다.

4.2.1. 세 음절 단어의 강세

기본 어휘 2067개 중에서 3 음절로 구성된 영어 단어는 모두 231개로 전체의 약 11% 정도를 차지한다. 참고로 음절 수로 나누어 본 기본어휘의 단어 수는 다음과 같다.

(4.4)

	1음절	2음절	3음절	4음절	5음절
단어수	966	804	231	58	8
백분율(%)	46.7	38.9	11.2	2.8	0.4

이 분포율을 볼 때 기본어휘의 대부분인 85.6%의 단어가 2음절이하이다. 3음절 이상의 단어는 모두 해야 14.4%밖에 되지 않는다. 이런 통계에 비추어 볼 때 기본어휘를 사용하는 생활영어의 경우 2음절 이하의 짧은 단어의 발음이 매우 중요함을 알 수 있다.

음절 셋으로 구성되는 3음절 단어의 경우 나타날 수 있는 강세 유형은 [강약약], [약강약], [약약강]의 세 가지이다. 여기서 가장 바람직한 것은 [강약약]격이며 음악에서도 3박자인 왈츠가 이 율격을 갖는다. 그 다음으로 가능한 것은 강음절이 중간에 오는 [약강약]이다. 하나의 강음절이 앞의 약음절도 지배할 수 있고, 뒤의 약음절도 지배할 수 있지만 (4.1)에서 보았듯이 시간주기가 긴 경우는 앞의 약음절이 강음절의 지배를 벗어날 가능성이 있으므로 (4.2)처럼 시간주기가 짧게, 즉 빠르게 발음하는 경우만 가능하다.

마지막으로 [약약강]의 경우는 가장 바람직하지 않은 유형이다. 이것을 보완하는 방법은 첫 음절에 제2강세를 주는 방법이 있다. 실제 [약약강]격을 갖는 단어의 수는 많지 않았는데 이들 모두가 첫 번째 음절에 제2강세를 갖고 있었다. [강약약]이 가장 보편적일 것이라는 우리의 예측은 다음과 같이 기본어휘의 231개의 3음절 단어에 대한 분석에서 입증이 된다.

(4.5) 세 음절 단어의 강세 분포

	[강약약]	[약강약]	[약약강]
단어수	140	78	13
백분율(%)	60.6	33.8	5.6

3음절 단어의 경우 60% 정도의 단어들이 [강약약]격을 갖는 것으로 나타났다. [약강약]격은 33.8%이고, 가장 바람직하지 않은 것으로 간주되었던 [약약강]격은 모두 13단어가 발견되었는데 그 목록은 다음과 같다.

(4.6) [약약강]격의 단어

àfternóon N　　chìmpanzée N
còrrespónd V　　èntertáin
ìnterrúpt　　ìntrodúce
kàngaróo　　màgazíne
rècomménd　　rèpresént
ùndergróund　　ùndernéath
ùnderstánd

여기서 첫 음절에 강세가 있다는 것은 발음상으로는 첫 음절의 모음이 [ə]로 발음되지 않음과 이 단어들이 두 음보를 갖고 있다는 것을 의미한다. 이것은 엄격한 의미에서 [약약강]격은 하나도 없음을 의미한다. 여기서 한 가지 더 주목할 만한 것은 마지막 음절에 강세가 오는 어미의 -oon, -ee, -oo가 있고 3음절 단어이면 첫 음절에 반드시 제2강세가 오는 것을 예측할 수 있다는 점이다.

4.2.2. 네 음절 단어의 강세

네 음절의 경우 이론상으로는 네 음절 어느 곳에도 제1강세가 올 수 있다. 그러나 실제 나타나는 것은 매우 한정되어 있음을 우리는 예측할 수 있다. 가장 바람직한 유형은 [약강약약]일 것이다. 이 유형의 경우 두 번째 음절의 강음절은 앞의 약음절 하나와 뒤에 오는 약음절 두 개를 지배할 수 있으므로 가장 바람직한 강세 분포로 생각할 수 있다. 실제로 조사한 58개의 기본어휘 중에서 50%에 해당하는 29개의 어휘가 이런 강세 유형을 갖고 있었다.

그 다음이 [강약약약]과 [약약약강]격인데 영어의 전형적인 강세 유형이 [강약]격인 점을 고려해 볼 때, 첫 음절에 강세가 오는 [강약약약]격이 더 바람직한 강세 유형이 될 것이다. 그런데 여기서 마지막 음절이 문제가 되는데 그것은 강음절이 뒤에 오는 음절 2개까지만을 지배할 수 있기 때문이다. 한 가지 방법은 세 번째 음절에 제2강세를 주어 [강-약-중강-약]의 4박자 유형으로 만드는 것이다. 실제 대부분의 단어들이 이 유형을 취한다.

세 번째 음절에 강세가 오는 [약약강약]도 바람직하지 않다. 그것은 우선 강음절이 앞에 오는 두 약음절을 지배하지 못하기 때문이다. 이것을 피하는 방법은 물론 첫 음절에 제2강세를 주어 두 음보의 [중강-약-강-약]의 유형으로 만들어 주는 것이다. 실제로 기본어휘에서 발견되는 단어들은 모두 이 유형을 띄고 있었다.

마지막으로 [약약약강]은 여러 가지 면에서 바람직하지 않다. 강음절 앞에 약음절 세 개가 너무 부담스럽다. 또 두 번째 음절을 제2강세를 준다 하더라도 [약강]격의 음보가 형성되어 바람직하지 않은 결과를 초래할 것이다. 실제 58개의 네 음절 단어 중에서 제1강세가 마지막에 오는 어휘는 단 하나, mìsunderstánd에 불과하였다. 이 단어도 [약강]격의 두 음보를 만들어 내는 대신, 첫 음절에 제2강세를 주어 [약강]격의 음보가 형성되는 것을 피하고 있었다. 물론 의미상으로도 understand와 대조되는 접두사에 mis-에 강세가 주어지는 것이 자연스럽다. 이상에서 예측한 네 음절 어휘에 대한 강세 분포는 다음과 같이 잘 들어맞았다.

(4.7) 네 음절 단어의 강세 분포

	[강약약약]	[약강약약]	[약약강약]	[약약약강]
단어수	15	29	12	1
백분율(%)	25.8	50.0	20.7	1.7

두 번째 음절에 제1강세가 주어지는 유형이 영어의 강세 리듬 구조에 가장 적합하다는 사실은 이 유형에 해당하는 어휘가 반에 해당한다는 사실에서 이미 입증이 된다. 다음으로 많은 것이 전체 어휘수의 1/4을 차지하는, 첫 음절에 강세가 오는 [강약약약]형이다. 기본적으로 하나의 강음절은 오른편의 두 약음절을 지배하므로 마지막 약음절이 문제가 된다.

이를 해결하는 데는 두 가지 방법이 이용되고 있다. 하나는 세 번째 음절에 제2강세를 주어 [강-약-중강-약]의 4박자 유형으로 만드는 것이며, 또 다른 하나는 세 약음절 중 하나를 빠른 발음에서 생략하는 것이다. 예를 들어, céremòny의 경우 세 번째 음절에 제2강세를 주어 4박자의 유형을 만들기도 하지만, 강세가 없는 두 번째 음절을 삭제하여 cer'mony처럼 3음절로 발음하기도 한다. 다음은 4음절어의 예이다.

(4.8) [**강**약약약]

céremony	cómfortable	élevator	líterature	télevision
témporary	végetable	éscalator	témperature	
díctionary	nóticeable	hélicopter		
mílitary				
nécessary				
órdinary				

단어가 -Cy로 끝나는 경우 이 음절에 강세가 오지 않는다는 것은 이미 앞에서 보았다. 이때 바로 앞 음절이 장모음인 경우 바로 앞 음절에 제2강세가 주어지면서 첫 음절에 제1강세가 온다는 사실에 착안하여 다음과 같은 강세 규칙이 제안되기도 하였다.

(4.9) -Cy 강세 규칙(Kreidler, 1989: 214)

명사의 음절 수
- 3
  - 첫 음절에 강세
- 4 이상
  - 끝에서 두 번째 음절이
    - 경음절
      - 끝에서 세 번째 음절
    - 중음절
      - 끝에서 네 번째 음절

-Cy로 끝나는 단어가 두 음절이면 무조건 첫 음절에 강세가 온다. 세 음절 인 명사의 경우에도 역시 첫 음절에 강세가 온다. 네 음절 이상인 경우엔 끝에서 두 번째 음절을 보고, 그 음절이 중음절이면 그 음절에 강세가 오고, 경음절이면 그 앞 음절에 강세가 온다.

마지막으로 세 번째 음절에 제1강세가 오는 [약약강약]의 경우는 다음의 12 어휘가 발견된다. 여기서 주목할 것은 이 모든 단어가 [중강-약-강-약]의 두 음보를 형성하여 발음된다는 사실이다.

(4.10) [중강-약-강-약](ˋ ˘ ˊ ˘)

àcadémic	àbsolútely	cònversátion	gènerátion
àrtifícial	dìsappóinted	òccupátion	pòpulátion
ìndepéndent	ìndivídual	rèputátion	trànsportátion

4.2.3. 다섯 음절 단어의 강세

다섯 음절의 단어는 자연스럽게 두 음보로 형성될 것이다. 물론 이론적으로 따지면 다섯 음절 모두에 강세가 올 수 있겠지만 실제로 나타나는 경우는 매우 한정되어 있다. 일단 기본어휘에서 보이는 다섯 음절 어휘는 모두 8개에 불과하다. 이들을 제1강세의 위치에 따라 분류하면 다음 두 가지로 분류할 수 있다.

(4.11) 다섯 음절 단어의 유형

[약**강**약약약]	[약약**강**약약]
labóratory	èleméntary
enthúsiasm	ìnternátional
refrígerator	òpportúnity
	ùnivérsity
	sàtisfáctory

첫 음절이나 마지막 음절에 강세가 오는 경우는 여러 면에서 바람직하지 않다. 우선 첫 음절에 강세가 왔을 때 이 강음절이 뒤에 오는 네 음절을 지배하기가 쉽지 않다. 한 가지 방법은 물론 세 번째 음절에 제2강세를 주어 두 개의 음보를 형성하는 법이 있겠지만 실제 이런 예는 기본어휘에서는 발견되지 않았다.

두 번째 음절에 제1강세가 오는 경우 앞의 약음절 하나는 이 강음절의 지배를 받기 때문에 문제가 되지 않으나 마지막 음절이 강음절의 지배 영역을 벗어나기 때문에 문제가 된다. 이 경우 강세 다음 음절을 생략하여 labór'tory, refríg'rator로 발음하거나 전설모음을 전이음(glide)로 만들어 enthúsia[jæ]sm으로 발음하는 방법이 있을 수 있다.

세 번째 음절에 강세가 오는 경우, 위의 예에서 볼 수 있듯이 첫 음절에 제2강세를 두어 [중강-약-강-약-약]의 구조를 형성하면 가장 바람직한 결과를 얻을 수 있다. 강음절은 각각 뒤에 오는 하나나 두 약음절을 지배하여 두 음보를 형성하므로 가장 적절한 형태라 할 수 있다. 당연히 가장 많은 예가 발견된다.

네 번째와 다섯 번째 음절에 제1강세를 주는 경우 강음절 앞에 오는 약음절의 수가 강음절 뒤에 오는 약음절 수보다 많게 되는 바람직하지 않은 경우가 된다. 따라서 이러한 경우는 발견되지 않는다.

위의 예에서 laboratory의 경우 미국식 발음은 [lǽbrətɔri], 영국식 발음은 [ləbórətri]으로 서로 다른 위치에 강세를 두어 네 음절로 발음하고 있다. 천천히 발음할 경우 다섯 음절로 발음되지만 평상시 속도로 발음될 경우 강세가 없는 한 음절이 삭제되어 발음된다. 이와 같은 현상은 매우 흔하며 빠른 속도에서 제일 먼저 삭제되는 모음은 약음절의 [ə] 발음이다.

4.3. 형식화의 문제(Formalism)

이상의 논의에서 우리는 강세의 유형이 영어의 리듬 형태에 의해 제한을 받고 있음을 알 수 있었다. 기본적으로 음보는 두 음절 또는 세 음절로 구성되어 있으며, 시간 주기 내에서 하나의 강음절은 앞으로는 하나의 약음절을 뒤로는 두 개의 약음절을 지배할 수 있다. 따라서 강세 위치에 따른 리듬 유형은 이 제약을 가장 잘 지키는 순서대로 비례하는 빈도수를 보였다. 그 다음은 같은 음보라도 [강약(약)]격이 [약강]격보다 더 바람직한 것으로 간주되었다.

이 두 제약은 다음과 같이 형식화 할 수 있다.

(4.12) 강음절 지배제약(x|Xxx)(Strong Syllable Dominance)
하나의 강음절은 앞의 약음절 하나와 뒤에 오는 약음절 둘을 지배할 수 있다.

(4.13) 강음절 우선제약(Trochee or Dactyl)(Strong Syllable First)
음보는 강음절이 앞에 오는 [강약(약)]격이 적절하다.

두 제약의 위계는 다음과 같다.

(4.14) 강음절 지배제약 ≫ 강음절 우선제약

강음절 지배제약은 [강약]격 제약을 우선한다(x|Xxx ≫ Trochee). 이 두 제약에 비추어 세 음절 어휘의 리듬 구조를 다음과 같이 예측할

수 있다.

(4.15)

[σ σ σ]	강음절지배	강음절우선
☞[**강**약약]		
[약**강**약]		*!
[약약**강**]	*!	*

[강약약]격은 두 제약을 모두 어기지 않음으로써 가장 바람직한 리듬 구조를 형성한다. 반면 [약강약]과 [약약강]은 각각 하나나 둘의 제약을 위반하고 있다. 따라서 이 결과를 따른다면 바람직한 리듬구조의 순서는 [강약약] 〉 [약강약] 〉 [약약강]이다. 이 결과는 기본어휘의 3음절짜리 어휘 수에 정확하게 그대로 반영되어 나타났다 (4.5 통계 참조).

4음절 어휘의 리듬구조도 같은 방법으로 예측할 수 있다. 4음절 단어에 나타나는 리듬구조를 위 제약에 비추어 보면 다음과 같다.

(4.16)

[σ σ σ σ]	강음절지배	강음절우선
[**강**약약약]	*!	
☞[약**강**약약]		*
[약약강약]	*!	
[약약약강]	*!	*

이 결과에 의하면 두 번째 유형인 [약강약약]이 가장 바람직하며, [강약약약]과 [약약강약]은 비슷하다. 제2강세를 첫째 음절이나 세

번째 음절에 두어 두 개의 음보를 형성할 때도 조건은 거의 똑같다. 굳이 [강약]격을 보다 엄격하게 적용하여 제1강세가 앞에 오는 것이 선호된다고 하면 [강약약약]격이 [약약강약]보다 더 선호되는 유형이다. 마지막 유형은 두 가지 조건을 다 어기고 있으므로 바람직하지 못하다. 이러한 예측은 아래에서 알 수 있듯이 우리의 기본어휘 분석에서 나타난 어휘 수에 그대로 반영된다.

(4.17)

리듬 유형	[약**강**약약]	〉	[**강**약약약]	〉	[약약**강**약]	〉	[약약약**강**]
어휘 수	29		15		12		1

다섯 이상의 어휘는 많지도 않을뿐더러, 나타나는 유형도 두 가지밖에 없으므로 자세한 분석은 생략하기로 한다. 앞에서 논의하였지만 위의 두 제약을 가능한 한 위반하지 않는 리듬 유형이 가장 많이 쓰이고 있음은 물론이다.

이 장에서 우리는 영어의 강세와 리듬의 관계를 살펴보았다. 영어의 리듬은 강세가 있는 강음절과 강세가 없는 약음절이 주기적으로 교차하여 나타나는 현상이며, 영어에서는 이 두 음절(또는 세 음절)이 하나의 음보를 형성하고 있었다. Oehrle(1989)의 주장을 따라 강음절의 지배영역을 지정하고 그 지배영역에 따라 각 음절 수 어휘들의 바람직한 리듬 구조를 예측하고 기본어휘를 자료로 그 빈도수를 조사하였다. 그 결과 놀라울 정도로 우리의 예측이 들어맞는 것을 보았다. 이러한 발견은 영어의 강세 현상이 여기서 주장하는 리듬구조에 의해 예측될 수 있는 매우 규칙적인 현상임을 보여주는 것이라 할 수 있겠다.

제5장

결론

영어의 단어 강세에 규칙이 있느냐 하는 질문은 매우 오래된 질문이다. 많은 사람들이 영어 단어의 강세에는 규칙이 없어서 각 단어를 따로 따로 기억하듯이 강세의 위치도 이 단어와 함께 암기해야 하는 대상으로 생각했었다. 우리들이 외국어로서 영어를 배울 때도 마찬가지로 하나하나씩 암기하곤 했었다. 그러나 영어를 모국어로 사용하는 사람들에게 podectal이란 3음절의 가상의 단어를 제시하고 발음하게 하였을 때, 한결같이 가운데 음절인 -dec-에 강세를 주어 발음하는 것을 볼 때, 모국어 화자들의 머릿속에는 분명히 무엇인가 영어 강세에 관한 규칙이 존재함을 알 수 있다.

SPE 이후 많은 음운학자들이 영어 모국어화자들의 머릿속에 내재되어 있는 강세 규칙을 찾아내고자 노력한 결과 율격 음운론을 위시한 여러 이론들이 제시되었다. 그러나 어떤 이론이 등장하더라도 항상 예외는 존재하였고, 당시에는 나름대로 강력해 보였던 이론들도 다음 이론의 등장에 의해 사라지곤 하였다. 그렇다고 이 사라진 이론들이 아무런 가치가 없었다는 것은 아니다. 나름대로 영어 강세에 관한 어떤 통찰력을 제시하곤 하였다.

이 책은 이렇게 제시된 훌륭한 관찰 중에서 외국어로서 영어를 배우는 우리에게 필요한 요소만 선택하여 정리해 보았다. 그중에는 우리가 이미 잘 알고 있었던 '명전동후' 같은 규칙도 있었지만 음절의 무게와 강세와의 관련성 등 음운론을 공부하지 않으면 잘 알 수 없는 내용도 있었다. 물론 영어 강세를 하나의 규칙으로 나타낼 수 있으면 좋겠지만 그것은 그 어원이 다양한 영어의 특성상 가능하지 않은 일이었다. 하지만 여기에 제시된 강세에 관한 사실들을 알고 있으면 일상생활에서 사용하는 단어의 강세는 쉽게 예측할 수 있을 것이다.

여기에서 제시된 사실들을 일반 단어에 적용할 경우 매우 보편적인 규칙의 지배를 받는데 그것은 바로 여타조건(Elsewhere Condition)이다. 여타조건이란 특별한 규칙과 일반적인 규칙이 있을 때는 특별한 규칙을 먼저 적용시켜야 한다는 것이다. 예를 들어, -ity로 끝나는 단어에는 -ity 앞 음절에 강세가 온다는 규칙과 -Cy로 끝나는 단어에 적용되는 규칙을 모두 적용시킬 수 있는데 -ity가 보다 더 구체적이므로 -ity 규칙을 먼저 적용시키라는 것이다. 비슷한 예로 -tion 앞 음절에 강세가 오는 규칙과 -iV를 어미에 포함하는 단어에 적용하는 규칙이 있는데 이때는 물론 -tion 규칙을 앞서 적용시켜야 한다.

여기서 제시된 여러 규칙들은 영어 교과과정에 필요한 곳에 적절하게 반영되어야 한다고 생각했다. 과거 문법, 번역식 수업에서는 물론 이러한 정보가 필요 없겠지만 소위 의사소통능력 기르는 것을 목표로 하는 영어 교육이라면 당연히 발음 교육이 포함되어야 할 것이고, 발음 교육에는 영어 말소리를 이해하는 데 필수적인 강세에 관한 내용을 포함시켜야 할 것이다.

영어 강세 위치에 관한 단편적인 지식도 중요하겠지만 보다 중요한 것은 이러한 지식은 영어 발음을 잘 이해하고, 발음하기 위한 도구에 불과하다는 것이다. 앞에서도 지적했지만 영어 강세에 대한 논문을 쓰는 학생이 실제 그 발음을 제대로 하지 못한다면, 그 논문에서의 주장은 그 내용에 관계없이 공허한 것이 될 것이다. 따라서 이론 자체를 강조하기보다는 그 적용과 실제 발음 연습에 더 많은 무게가 주어져야 할 것이다.

예외에 대한 문제는 다른 영문법의 경우와 같은 방법으로 접근하면 될 것이다. 예를 들어, 명사의 복수형이나 동사의 과거형에는 많은 불규칙적인 예외가 존재한다. 이 예외적인 어휘들은 그 사용 빈도수가 매우 높으며 중요한 어휘 중의 하나이다. 이와 같은 예외적인 표현들의 영향력에도 불구하고 영어의 복수형이나 과거형을 형성하는 규칙의 존재를 부정하지는 않는다. 마찬가지로 강세의 경우도 예외는 어디까지나 예외일 뿐이다. 규칙은 규칙으로 알고 있으면서 예외적인 표현에 대해서는 숙어(idioms)와 마찬가지로 별도로 암기해야 할 것이다.

이 책은 강세 이론에서 얻을 수 있는 강세에 관한 실용적인 실마리를 찾기 위해 2장에서 지금까지의 강세 이론에 대해 개괄적으로 소개하였다. 각각의 이론은 나름대로 영어의 강세 현상을 이해하는 데 공헌하였다. SPE(1968)는 영어 단어의 강세에 관한 분석의 토대를 마련하여 주었고, Liberman and Prince(1977)는 강세의 본질인 리듬의 구조를 율격구조로 잘 표현하였다. Hayes(1982, 1984)는 음절 무게의 중요성과 운율외성에 대한 소개를 통해 단어 끝에서는 중음절이 큰 영향을 행사하지 못함을 보여 주었다. 또 명사의 경우는 동사보다 한 음절 앞에 강세가 오는 경향이 있음도 보여 주었다. Halle and Vergnaud(1987)은 영어의 강세 현상이 영어에만 있는 특이한 것이 아니라 전 세계 모든 언어를 설명하는 보편적인 원칙과 매개변수의 사용으로 설명할 수 있음을 증명하였다. Burzio(1994)는 운율외성이나 이분지적 음보 단위를 사용하지 않고도 영어 강세 현상을 설명함으로써 생성 음운론적인 설명만이 다가 아님을 보여주었다. 마지막으로 최적성이론을 적용한 Hammond(1999)는 강세 규칙 또한 제약과 그 위계 관계로 설명할 수 있다는 가능성을 열어 놓았다.

제3장에서는 영어 강세 이론에서 얻어낸 영어 강세에 대한 사실들을 바탕으로 교육부에서 제시한 기본어휘 2067개를 대상으로 그 타당성을 조사해 보았다. 그 결과 예상 외로 영어 강세 규칙의 적용을 받는 어휘 수가 많음을 알 수 있었다. 예를 들어, '명전동후'에 대한 2음절어의 분석은 명사의 경우 90% 이상이 동사의 경우는 80% 이상이 적용된다는 사실도 확인할 수 있었다. 음절이나 음보의 구조 또한 매우 중요한 역할을 하며 특히 접미사는 그 특성에 따라 강세 위치를 할당하는 데 결정적이라는 사실도 알 수 있었다. 여기서 제시된 강세에 관한 일반적인 사실만으로도 많은 어휘의 강세 위치를 예측할 수 있을 정도였다.

제4장에서는 '영어는 리듬이다'는 가정 아래 리듬의 본질과 그 리듬 구조에 의해 예측되는 리듬 유형들을 음절 수 별로 분석하였다. 영어에서의 리듬은 강음절의 주기적인 반복에 의해 이루어짐을 알 수 있었다. 분석의 이론적인 근거로는 Oehrle(1989)의 주장을 빌었으며 분석 자료는 교육부에서 제시한 기본어휘를 사용하였다. Oehrle는 운문의 분석을 통해 강음절의 지배 영역을 정의하였다. 다시 말하면 강음절은 앞의 약음절은 하나를, 뒤의 약음절은 두 개까지 지배할 수 있다는 것이다. 모든 약음절은 하나의 강음절에 의해 지배를 받아야 하므로 이러한 지배 관계를 보장하지 못하는 리듬구조는 나타나지 않는다. 예를 들어, [약약강]격처럼 강음절 앞에 약음절이 둘 오는 리듬 구조는 맨 앞의 약음절이 아무런 지배를 받지 못하므로 존재할 가능성이 매우 적음을 알 수 있다. 이를 근거로 '강음절

지배제약'과 '[강약]격 제약'이라는 두 새로운 제약을 통해 적격한 리듬 구조를 결정하는 형식을 제안하였다. 최적의 리듬구조를 찾는다는 점에서 최적성이론의 틀과 일치함으로 이러한 형식화가 가능할 수 있었다.

우리는 여기서 단어의 강세에만 초점을 맞추었으나 단어의 리듬구조가 구, 절, 문장까지 확장 적용된다는 LP의 주장은 단어의 리듬구조가 영어 리듬 구조의 기본임을 알려주는 것이다. 따라서 여기서 제안된 원리를 음운구, 억양구로 확대 적용하여보는 것도 재미있는 연구가 될 것이다.

이 세상에 완벽한 이론은 존재하지 않으며 언젠가는 생명을 다하고 다른 이론에 의해 대체되기 마련이다. 이것이 이론의 속성이다. 영어 또한 영원하지 않다. 지금도 영어는 끊임없이 새로운 어휘를 만들어내고 받아들이고 있다. 이것이 문법이 계속 바뀌는 이유이기도 하다. 인간이 언어에 대한 아무리 완벽한 이론을 만들었다 할지라도 언어 자체가 변화하고 있으므로 새로운 이론은 계속 필요하게 될 것이다. 영어 강세에 관한 논의 또한 언젠가는 새로 시작해야 할 것이다.

강용순, 「영어발음교육과 발음기호」, 『영어영문학』 56권 1호, 한국영어영문학회, 2010, 65~78쪽.

김경란, 『음운론-SPE 이후의 이론들』, 한신문화사, 1997.

김진우, 『언어』, 탑출판사(개정판), 2003.

전상범, 『생성음운론』, 탑출판사(개정판), 1994.

제7차 교육과정, 외국어과 교육과정(I), 교육부고시 제1997-15호 [별책 14], 1997.

Burzio, Luigi, *Principles of English Stress*, Cambridge: Cambridge University Press, 1994.

Bybee, Joan, *Phonology and Language Use*, Cambridge: Cambridge University Press, 2001.

Celce-Murcia, Marianne, Donna M. Brinton and Janet M. Goodwin, *Teaching Pronunciation: A Reference for Teachers of English to Speakers of Other Languages*, Cambridge: Cambridge University Press, 1996.

Chomsky, Noam and Morris Halle, *The Sound Pattern of English*, New York: Harper and Row, 1968.

Dresher, Elan, B. and Aditi Lahiri., "Main Stress Left in Early Modern English" presented in the 16th International Conference on Historical Linguistics, Copenhagen, 10~15 August 2003.

Goldsmith, John, *Autosegmental and Metrical Phonology*, Oxford: Blackwell, 1990.

Halle, Morris and J-R. Vergnaud, *An Essay on Stress*, Cambridge, MA: MIT Press,

1987.

Hammond, Michael, *The Phonology of English: A Prosodic Optimality-Theoretic Approach*, New York: Oxford University Press, 1999.

Hayes, Bruce, *A Metrical Theory of Stress Rules*, Cambridge, MA: MIT PhD dissertation, 1981.

Hayes, Bruce, "Extrametricality and English Stress", *Linguistic Inquiry* 13, 1982, pp. 227~276.

Hayes, Bruce, "The Phonology of Rhythm in English", *Linguistic Inquiry* 15, 1984, pp. 33~74.

Jensen, John T., *English Phonology*, Amsterdam: John Benjamins, 1993.

Kahn, Daniel, *Syllable-based Generalizations in English Phonology*, MIT PhD dissertation, 1976.

Katamba, Francis, *Morphology*, London: Macmillan, 1993.

Kenstowicz, Michael, *Phonology in Generative Grammar*, Oxford: Blackwell, 1994.

Kenstowicz, Michael and Charles Kisseberth, *Topics in Phonological Theory*, New York: Academic Press, 1977.

Kiparsky, Paul, "Lexical Phonology and Morphology", *Linguistics in the Morning Calm*, (ed) by Yang, I-S. Seoul: Hanshin, 1982.

Kreidler, Charles W., *The Pronunciation of English*, Cambridge, Oxford: Basil Blackwell, 1989.

Lee, J-Y., *Some Aspects of English Phonology: An Optimality Theoretic Approach,* University of Illinois, PhD dissertation, 1996.

Liberman, Mark and Alan Prince, "On Stress and Linguistic Rhythm", *Linguistic Inquiry* 8, 1977.

Minkova, Donka and Robert Stockwell, *English Words: History and Structure,* Cambridge University Press(2nd Edition), 2009.

Oehrle R. T., "Temporal Structure in Verse Design", Paul Kiparksy and Gilbert Youmans(eds.) *Phonetics and Phonology Volume 1: Rhythm and Meter,* Academic Press, New York, 1989, pp. 87~120.

Prince, Alan, "Relating to the Grid", *Linguistic Inquiry* 14, 1983, pp. 19~100.

Prince, Alan and P. Smolensky, *Optimality Theory: Constraint interaction in Generative Grammar*, Ms. Rutgers University and University of Colorado at Boulder, 1993.

Selkirk, Elizabeth., *Phonology and Syntax: The Relation Between Sound and Structure*, Cambridge, MA: MIT Press, 1984.

Spencer, Andrew, *Phonology*, Cambridge, MA: Blackwell, 1996.

기본어휘표

[A]

*a/an
ability
*able
*about
above
abroad
*absent
absolutely
absorb
academic
accent
accept
accident
according
account
accurate
accuse
ache
achieve
*across
*act
add
*address
admire
admit
adopt
adult
advance
advantage
advise
affair
affect
afraid
*after
*afternoon
*again
against
age
*ago
agree
ahead
aim
*air
*airplane/place
*airport
alarm
alike
alive
*all
allow
almost
*alone
along

* 표시는 초등학교용 어휘임.

aloud
alphabet
already
also
although
*always
*a.m./A.M
amaze
ambitious
ambulance
among
amount
amuse
ancestor
ancient
*and
angel
anger
angle
angry
*animal
ankle
announce
annoy
*another
*answer
*ant
anxious
*any
apart
apartment
apology
apparent
appeal
appear
*apple
apply
appointment
appreciate
approach
appropriate
approve
approximate
area
argue
*arm
army
*aloud
arrange
arrest
*alive
art
article
artificial
*as
ashamed
*ask
asleep
aspect
assign
assist
associate
assume
*at
atmosphere
attach
attack
attempt
attend
attitude
attract
audience
*aunt
author
authority
autumn
available
avoid

awake
aware
*away
awful
awkward
ax/axe

[B]

*baby
*back
*backward
*bad
badminton
*bag
baggage/luggage
bake
balance
bald
*ball
*balloon
band
*bank
bar
barber
bark
base
*basket
*bet
bath
battle
*be
beach
*bean
*bear
beat
*beautiful
*because
*become
*bed
*bee
*beef
*before
beg
*begin
behave
*behind
believe
*bell
belong
below
*belt
bend
beneath
benefit
beside
bet
betray
*between
beyond
*bicycle/bike
*big
bill
billion
*bird
birth
biscuit
bit
bite
*black
blame
*blanket
bless
blind
block
blood
blow
*blue
board

boast
*boat
*body
boil
bomb
bone
book
*boot
border
boring
*borrow
*both
bother
*bottle
bottom
bow
*bowl
*box
*boy
brain
branch
brave
*bread
*break
*breakfast
breath

bridge
brief
bright
*bring
broad
broadcast
broom
*brother
*brown
*brush
bubble
bug
build
burden
burn
bury
business
busy
*but
butterfly
button
*buy
*by
*bye

[C]

cabbage
calculate
calendar
*call
calm
camera
camp
campaign
*can
cancel
candle
*candy
*cap
capable
capital
captain
*car
care
career
carpenter
carpet
carrot
*carry
cart
cartoon

case
cash
cassette
casual
*cat
*catch
cause
cease
ceiling
celebrate
cell
cent
central
century
ceremony
certain
chain
*chair
*chalk
champion
chance
*change
character
charge
charity
charm

chase
chat
*cheap
*check
cheek
cheer
chemist
*chess
*chest
chew
*chicken
chief
*child
chimpanzee
*chin
chocolate
choose
chopstick
*church
cinema
circle
circumstance
citizen
*city
civil
claim

clap
*class
classify
*clean
clear
clerk
clever
client
climb
clinic
clip
*clock
*close
*clothes
*cloud
clown
club
clue
coal
coast
coin
*cold
collect
college
*color/colour
*comb

combine
*come
comfortable
command
comment
commercial
commit
common
communicate
community
company
compare
compete
complain
complete
complex
complicated
compose
comprehend
concentrate
concern
concert
conclude
condition
conduct
confident

confuse
congratulate
connect
concider
consist
contact
contain
content
contest
continue
contrast
contribute
control
convenient
conversation
*cook
*cookie/cookey
*cool
cooperate
copy
corn
*corner
correct
correspond
cost
cough

*count
*country
couple
courage
course
court
*cousin
*cover
*cow
crazy
cream
create
credible
credit
crime
crisis
criticize
crop
cross
crowd
cruel
*cry
cucumber
culture
cure
curious

current
curtain
curve
custom
*cut
*cute

[D]

*dad/daddy
dairy
dam
damage
damp
*dance
danger
dare
*dark
darling
date
*daughter
dawn
*day
dead
deaf
deal
dear
debate
debt
deceive
decide
declare
decorate
decrease
*deep
deer
defeat
defend
definite
degree
delay
deliberate
delicate
delicious
delight
demand
*dentist
deny
department
departure
depend
depressed
descend
describe
desert
deserve
design
desire
*desk
dessert
destroy
detail
determine
develop
devil
devise
devote
dial
diamond
diary
dictation
dictionary
*die
diet
different
difficult
dig
diligent
*dinner

direct
*dirty
disappointed
disaster
discipline
discover
discuss
disease
disgusting
*dish
display
dispute
distance
distinguish
distribute
disturb
dive
divide
*do
*doctotr/Dr.
document
*dog
*doll
*dolphin
donkey
*door
double
doubt
*down
dozen
drama
*draw
drawer
dream
dress
*drink
*drive
drop
drug
drum
*dry
*duck
due
dull
dumb
during
duty

[E]

*each
eager
eagle
*ear
*early
earn
earth
*east
*easy
*eat
economy
edge
educate
effect
efficient
effort
*egg
*either
elbow
elect
electric
elementary
*elephant
·elevator
else
embarass
emotion
emphasize
employ

empty
enable
encourage
*end
enemy
energy
engine
*enjoy
enough
enter
entertain
enthusiasm
entire
envelope
environment
envy
equal
equip
erase
errand
error
escalator
escape
especially
even
*evening

event
eventual
ever
*every
evidence
evil
exact
exam
examine
example
excellent
except
exchange
excite
*excuse
exercise
exist
exit
expect
*expensive
experience
experiment
explain
explode
export
express

extend
extra
extreme
*eye
eyebrow

[F]

fable
*face
facsimile/fax
fact
factiry
fail
faint
fair
faith
*fall
false
familiar
*family
famous
fan
fancy
*far
fare
*farm

fashion
*fast
fasten
*fat
*father
faucet
fault
favor
fear
feast
feather
feature
fee
feed
feel
fellow
female
fence
festival
fever
few
*field
fight
figure
fill
film

final
financial
*find
*fine
*finger
*finish
fire
firm
*fish
fist
fit
fix
*flag
flame
flash
flat
flavor
flesh
flight
float
flood
*floor
flour
flow
*flower
*fly

focus
fog
fold
folk
*follow
fond
*food
fool
*foot
*for
forbid
force
forecast
foreign
forest
forget
forgive
form
former
fortune
forward
foundation
fountain
*fox
frame
*free

freeze
frequent
fresh
*friend
frighten
*frog
*from
*front
frontier
frost
*fruit
fry
fuel
*full
function
*fun
fur
furniture
future

[G]

gain
gap
*garden
garlic
gas
gate
gather
general
generation
generous
gentle
gentleman
genuine
gesture
*get
giant
gift
*girl
*give
*glad
*glass
glory
glove
glue
*go
goal
*goat
god/God
*gold
golf
*good
govern
grade
gradual
graduate
grain
gram
grammar

*grandfa/grandfather
grant
grape
grass
grateful
*gray/grey
*great
*green
greet
grocery
ground
*grow
guard
guess
guest
guide
guilty
guitar

gun

gym/gymnasium

[H]

habit

*hair

*half

hall

hammer

*hand

handkerchief

handle

handsome

hang

happen

*happy

harbor

*hard

hardly

harm

harsh

harvest

haste

*hat

*hate

*have

*he

*head

health

*hear

heart

heat

heaven

*heavy

heel

height

*helicopter

hell

*hello

helmet

*help

hen

*here

hero

hesitate

*hi

hide

*high

hill

hip

hire

history

hit

*hobby

hockey

*hold

hole

holiday

hollow

holy

*home

honest

honey

honor

hook

hop

*hope

horizen

horn

horrible

*horse

hose

*hospital

host

hostile

*hot

*hour

*house

*how
however
huge
human
humor
*hungry
hurry
hunt
husband

[I]

*I
ice
*idea
identity
idle
*if
ignore
*ill
image
imagine
immediate
import
important
impress
improve

*in
include
income
increase
indeed
independent
index
indicate
individual
indoor
industry
inferior
influence
infirm
informal
injure
inn
insect
*inside
insist
instant
instead
institute
instrument
instruction
insult

intelligent
intend
intensive
interest
international
Internet
interrupt
interval
*into
introduce
invent
investigate
invite
involve
iron
irritate
island
issue
*it
item

[J]

*jacket
jail
*jam
jar

*jean
jet
jewelry
job
join
joke
journey
joy
judge
*jump
jungle
*just

[K]

kangaroo
*keep
kettle
key
kick
kid
*kill
*kind
kindergarten
*king
kiss
*kitchen
kite
*knee
*knife
knock
*know

[L]

label
labor
laboratory/lab
lack
ladder
*lady
lake
lamb
*lamp
*land
language
large
*late
*laugh
laundry
law
lay
lazy
lead
leaf
leak
lean
*learn
leather
leave
*left
*leg
legal
leisure
lemon
lend
length
*lesson
*let
*letter
lettuce
level
liberty
library
licence/license
lick
lid
lie
*life
lift

*light
*like
limit
line
link
*lion
lip
liquid
list
*listen
literature
*little
*live
load
lobby
local
lock
lodge
lonely
*long
*look
loose
lorry
lose
lot
*loud
*love
*low
luck
lump
*lunch
lung

[M]

ma'am/madam
machine
*mad
magazine
magic
maid
*mail
main
major
*make
male
*man
manage
manage
manner
*many
*map
march
mark
*market
marry
mass
master
mat
match
material
mathmatics/math
matter
*may
*maybe
meal
mean
measure
*meat
medical
medicine
medium
*meet
melon
melt
member
memory
mend
mental

mention
menu
merchant
mercy
merry
message
metal
meter
method
middle
midnight
mild
mile
military
*milk
million
mind
minister
minor
minus
*minute
*mirror
*miss/Miss
missile
mist
mistake

misunderstand
mix
model
modern
modest
moist
*mom/mommy
moment
*money
*monkey
*month
mood
moon
moral
moreover
*morning
mosquito
*mother
mountain
*mouse
*mouth
*move
*movie
*Mr.
*Mrs.
*much

mud
multiply
muscle
museum
*music
*must
mystery

[N]

nail
*name
napkin
narrow
nation
native
nature
navy
*near
neat
necessary
*neck
*need
needle
negative
neigbor
neither

*nephew
nervous
nest
net
*never
*new
next
*nice
*niece
*night
*no/nope
nobody
nod
noise
none
noodle
*noon
nor
normal
*north
*nose
*not
note
notice
noticeable
novel
*now
nuclear
*number
*nurse
nut

[O]

obey
object
observe
obtain
obvious
occasion
occupation
occur
ocean
o'clock
odd
*of
*off
offend
offer
*office
officer
official
*often
*oh
oil
*okay/OK
*odd
Olympic
*on
*once
onion
only
*open
opera
operate
opinion
opponent
opportunity
opposite
*or
orchestra
order
ordinary
organ
organize
original
ornament
*other
ought

*out
outline
*outside
oval
oven
*over
overcome
owe
own

[P]

pack
*page
pain
*paint
pair
palace
pale
pan
*pants
*paper
parcel
pardon
*parent
*park
parliament
part
particular
*pass
passenger
past
paste
pastry
path
patient
pattern
pause
*pay
pea
peace
peach
peanut
*pear
peer
*pencil
penguin
*people
*pepper
percent
perfect
perform
perhaps
period
permanent
permit
*person
persuade
pet
photograph/photo
physical
*peak
picnic
picture
piece
*pig
pigeon
pile
pill
pillow
pilot
pine
pink
pipe
pity
place
plain
plan
planet

plant
plastic
plate
platform
*play
*please
pleasure
plenty
plug
plus
p.m./P.M.
*pocket
poem
poet
*point
poison
pole
*police
policy
polite
political
pollute
pool
*poor
pop
popular
population
*pork
port
position
possess
possible
*post
poster
pot
*potato
pound
pour
powder
power
practice
praise
pray
precious
precise
predict
prefer
prepare
present
president
press
pretend
*pretty
prevent
previous
price
priest
primary
prince
principal
principle
print
prison
private
prize
probable
*problem
process
produce
profession
profit
program
progress
project
promise
proof
proper
property

proposal
protect
protest
proud
prove
provide
public
publish
*pull
punish
pupil
*puppy
purchase
pure
*purple
purpose
purse
*push
*put

[Q]

qualify
quality
quantity
quarrel
quarter
*queen
*question
*quick
quiet
quit
*quite
quiz

[R]

*rabbit
race
*rain
raise
random
range
rank
rapid
rat
rate
rather
raw
reach
react
*read
*ready
real
realize
reason
receive
recent
recipe
recognize
recommend
record
recover
*rectangle
*red
reduce
refer
*refrigerator/fridge
refuse
regard
region
regret
regular
reject
relate
relationship
relative
relax
release
relevant

reliable
religion
remain
remark
remember
remind
remove
rent
repair
repeat
replace
reply
report
represent
reputation
request
require
research
reserve
resist
resource
respect
responsible
*rest
restaurant
restrict

result
return
reveal
*rice
*rich
*ride
ridiculous
*right
*ring
rise
risk
*river
*road
rock
rocket
rod
role
roll
romantic
roof
*room
root
rope
rose
rough
*round

route
row
royal
rub
rubber
rude
rule
*run
rush

[S]

*sad
*safe
sail
salary
salt
*same
sand
*sandwich
satellite
satisfactory
saucer
sausage
save
*say
scale

scatter
scene
schedule
scheme
*school
science
scissors
scold
score
screen
sculpture
*sea
search
*season
*seat
secret
section
*see
seed
seem
select
*sell
*send
senior
sense
sentence
separate
series
serious
serve
*set
several
severe
shake
*shall
shallow
shampoo
shape
share
shark
*she
sheep
sheet
shelf
shell
shine
*ship
shock
*shoe
shoot
*shop
shore
*short
*shoulder
*shout
*show
shower
shut
shy
*sick
*side
sight
signal
significant
silence
silk
silly
silver
similar
simple
since
sincere
*sing
single
sink
sir
*sister
*sit

situation
size
skill
skin
*skirt
*sky
*sleep
sleeve
slide
slight
slip
slpoe
*slow
*small
smart
smell
*smile
smoke
smooth
snack
*snake
*snow
*so
*soap
*soccer
social

society
*sock
sofa
soft
soil
soldier
solid
solve
*some
sometimes
somewhere
*son
*song
soon
sore
*sorry
sort
sound
*sour
source
*south
souvenir
space
*speak
special
specific

speed
spell
spend
spicy
spider
spill
spirit
split
spoil
*spoon
spot
spread
*spring
*square
stage
*stairs
stamp
*stand
standard
*star
*start
state
*station
statue
status
*stay

steady
steal
steam
steel
steep
stem
step
stick
stiff
still
stamach
stone
*stop
*store
storm
*story
stove
straight
strange
strawberry
stream
*street
strength
stretch
strict
strike
string
*strong
structure
struggle
*student
*study
stupid
style
subject
substance
*subway
succeed
such
sudden
suffer
sufficient
*sugar
suggest
suit
sum
summary
*summer
*sun
super
superior
*supper
supply
support
suppose
*sure
surface
surprise
surround
survive
swallow
swear
*sweet
*swim
swing
*switch
symbol
sympathy
system

[T]

*table
tail
*take
talent
*talk
*tall
tap

target
task
taste
tax
*tea
*teach
tear
technology
teenager
*telephone/phone
*television/TV
*tell
temper
temperature
temple
temporary
tend
*tennis
tent
term
terrible
test
textbook
*than
*thank
*that
*the
theater/theatre
*then
theory
*there
therefore
*they
*thick
thief
*thin
thing
*think
*thirsty
*this
through
though
thread
throat
threat
*through
throughout
throw
*thumb
thunder
ticket
tidy
*tie
*tiger
tight
till
*time
tiny
tire
*tired
title
*to
*today
*toe
*together
*toilet
*tomorrow
ton
tongue
*tonight
*too
tool
*tooth
top
topic
total
touch
tough

tour
toward
*towel
*town
*toy
tractor
trade
traditional
traffic
*train
transportation
trash
travel
tray
treasure
treat
*tree
trial
*triangle
trick
trip
tropical
trouble
trousers
*true
trunk
trust
*try
tube
tulip
tune
tunnel
*turn
turtle
twist
typical

[U]

*ugly
umbrella
*uncle
*under
underground
underline
underneath
*understand
uniform
union
unique
unit
unite
universe
university
unless
*until
*up
uphold
upon
upper
upright
upset
urgent
*use
usual

[V]

vacant
vacation
vain
valid
valley
value
vary
vase
*vegetable
vehicle
version
vertical

*very
victory
view
village
violent
violet
virtue
*visit
vital
voice
volume
vote
voyage

[W]

wage
waist
*wait
wake
*walk
wall
wallet
wander
*want
war
*warm
warn
*wash
waste
*watch
*water
wave
*way
*we
*weak
wealth
weapon
*wear
weather
wedding
*week
weight
*welcome
*well
*west
wet
*what
whatever
wheat
wheel
*when
*where
whether
*which
while
whisper
*white
*who
whole
*why
wicked
*wide
wife
wild
*will
win
*wind
*window
wine
wing
*winter
wipe
wire
wise
wish
*with
within
without

*woman
wonder
wood
wool
*word
*work
*world
*worry
worth
worthwhile
*wow
wrap
wrist
*write
*wrong

[X]

X-ray
xylophone

[Y]

*yard
yawn
*yes/yeah/yup
*year
*yellow
*yesterday
yet
*you
*young

[Z]

*zebra
*zero
zone
*zoo

찾아보기